Marche sur Niagara

ou, Les soldats de la vieille frontière

Édouard Stratemeyer

Writat

Cette édition parue en 2024

ISBN : 9789359949420

Publié par
Writat
email : info@writat.com

Contenu

PRÉFACE

" MARCHING ON NIAGARA " est une histoire complète en soi, mais constitue le deuxième de plusieurs volumes connus sous le titre général de " Colonial Series ".

Dans le premier volume de cette série, intitulé « AVEC WASHINGTON À L'OUEST », nous avons suivi la fortune de David Morris, fils d'un pionnier robuste, qui s'est d'abord installé à Will's Creek (aujourd'hui la ville de Cumberland, en Virginie), et plus tard On établit un poste de traite sur l'un des affluents de la rivière Ohio. C'était juste avant l'éclatement de la guerre entre la France et l'Angleterre, et à l'époque où les colons français et anglais en Amérique, en particulier dans les localités où le commerce avec les Indiens était rentable, étaient des ennemis acharnés. David fait la connaissance de Washington tandis que ce dernier est géomètre, et lorsque Braddock arrive en Amérique et marche contre Fort Duquesne, le jeune pionnier porte un mousquet et rejoint les Virginia Rangers sous le commandement du major Washington, pour marcher et prendre part à l'amère défaite de Braddock et L'effort magistral de Washington pour sauver ce qui reste de l'armée de l'anéantissement total.

La défaite des forces britanniques a laissé cette partie des colonies anglaises à la merci des Français et de leurs sauvages alliés indiens, et pendant deux ans, malgré tout ce que Washington et les autres dirigeants coloniaux pouvaient faire, chaque cabane isolée et chaque petite colonie à l'ouest Winchester était en danger constant, et de nombreux raids furent effectués, sauvages et brutaux à l'extrême, et ceux-ci se poursuivirent jusqu'à l'arrivée du général Forbes, qui, aidé par Washington et d'autres, contraignit finalement les Français à abandonner Fort Duquesne, et ainsi rétablit la paix et l'ordre sur une frontière couvrant une distance de plusieurs centaines de milles.

Après le succès du général Forbes à Fort Duquesne (aujourd'hui la ville entreprenante de Pittsburg), vinrent les succès anglais dans d'autres quartiers, dont le moindre ne fut pas la prise du Fort Niagara, situé sur la rive est de la rivière Niagara, là où ce ruisseau se jette dans Lac ontario. Ce fort était d'une grande importance pour les Français, car il gardait le passage à travers les lacs et le puissant Mississippi jusqu'à leur territoire de la Louisiane. Dans l'expédition contre le fort Niagara, David et Henry Morris prennent une part active et, en tant que jeunes soldats courageux , s'efforcent d'accomplir leur devoir pleinement et sans crainte.

Dans la préparation des parties historiques de cet ouvrage, l'auteur s'est efforcé d'être aussi précis que possible. Cela n'a pas été une tâche facile, car sur de nombreux points, les historiens américains, anglais et français ont des opinions très différentes. Cependant, on espère que le récit sera au moins aussi précis que l'histoire moyenne, car il donne des déclarations de tous les côtés.

encore une fois les nombreux lecteurs qui ont manifesté un tel intérêt pour mes ouvrages précédents, je remets ce volume entre leurs mains, espérant qu'ils le trouveront non seulement divertissant mais également plein d'instructions et d'inspiration.

ÉDOUARD STRATEMEYER.

Jour de l'Indépendance, 1902.

CHAPITRE I

DANS LA FORET

« Pensez-vous que nous allons chasser un cerf aujourd'hui, Henry ? »

"Je t'en parlerai mieux quand nous rentrerons chez nous, Dave. J'ai certainement vu les empreintes de sabots près de la pierre à lécher ce matin. Cela prouve qu'elles ne peuvent pas être loin. Mon idée est qu'au moins trois cerfs se trouvent juste au-delà du ruisseau inférieur, même si je peux me tromper.

"J'aimerais pouvoir leur tirer dessus . Je n'ai pas abattu de cerf depuis que nous avons quitté l'armée."

"Eh bien, je pense que nous avons eu suffisamment de tirs dans l'armée pour tenir un moment", répondit Henry Morris d'un ton sombre. "Je sais que j'ai eu tout ce que je voulais, et tu en as bien plus."

"Mais ce n'était pas le bon type de tir, Henry. J'ai toujours détesté penser à tirer sur un autre être humain, n'est-ce pas ?"

"Oh, ça ne me dérangeait pas de tirer sur les Indiens – certains d'entre eux ne semblent de toute façon pas plus qu'à moitié humains. Mais je dois dire que c'était différent quand il s'agissait de faire tomber un Français avec son uniforme impeccable. ... Mais les Français n'avaient pas le droit de nous molester et de chasser votre père de son poste de traite.

"Je crains que la défaite du général Braddock ne nous cause beaucoup de problèmes à l'avenir. M. Risley me disait qu'il avait entendu dire que les Indiens de Plum Valley étaient aussi impudents qu'ils pouvaient l'être. Il a dit qu'une demi-douzaine d' entre eux a obligé un colon nommé Hochstein à leur donner tout ce qu'ils voulaient à manger et à boire, et quand les Allemands ont trouvé à redire, ils ont brandi leurs tomahawks et lui ont dit à tous les colons mais les Français étaient des squaws et qu'il ferait mieux de se taire sinon ils le scalperaient et brûle sa cabane."

"Oui, Sam Barringford en disait aussi quelque chose, et il a dit qu'il ne serait pas surpris d'entendre parler d'un soulèvement indien à aucun moment. Vous voyez, les Français soutiennent les peaux-rouges dans tout et cela les rend audacieux. Si j'en avais les moyens, je demanderais au colonel Washington de lever une armée de trois ou quatre mille hommes – les meilleurs gardes-frontières qui soient – et je chasserais du pays tous les Français impudents. Nous n'aurons la paix que lorsque cela est fait, notez mes paroles là-dessus », conclut avec insistance Henry Morris.

David et Henry Morris étaient cousins et vivaient avec leurs parents dans une clairière non loin de ce qui était alors connu sous le nom de Will's Creek, aujourd'hui la ville de Cumberland, en Virginie. Les deux familles étaient composées de Dave et de son père, M. James Morris, qui était veuf, et de M. Joseph Morris, de sa femme Lucy et de trois enfants, Rodney, l'aîné, qui était en quelque sorte infirme, Henry, qui avait vient d'être présenté, et la petite Nell, le soleil de toute la maison.

Dans un volume précédent de cette série, intitulé « Avec Washington à l'Ouest », j'ai raconté en détail comment les deux familles Morris se sont installées à Will's Creek et comment James Morris, après la perte de sa femme, a erré vers l'ouest et a établi un poste de traite sur le Kinotah , l'un des nombreux bras de la rivière Ohio. Entre- temps , Dave, son fils, a rencontré George Washington, lorsque le futur président était géomètre, et les jeunes ont aidé à arpenter de nombreuses étendues de terre dans la magnifique vallée de Shenandoah.

A cette époque, les colonies d'Angleterre et de France en Amérique avaient beaucoup de difficultés entre elles et avec les Indiens. En bref, l'Angleterre et la France revendiquaient tout le territoire drainé par l'Ohio et d'autres rivières voisines, et les Français cherchaient par tous les moyens possibles à chasser les commerçants anglais qui poussaient vers l'ouest.

L'expulsion des commerçants anglais causa bientôt des ennuis à James Morris, et après avoir été attaqué par une bande d'Indiens, il reçut un avis des Français l'invitant à quitter son poste de traite dans trois mois ou moins. Ne voulant pas abandonner une entreprise rentable, et soupçonnant à moitié que l'avis était la concoction d'un commerçant français coquin nommé Jean Bevoir , et non un document officiel, M. Morris renvoya Dave à Winchester, afin qu'ils puissent obtenir l'avis du colonel Washington. et d'autres responsables sur ce qu'il était préférable de faire.

Quand Dave est arrivé chez lui , il a constaté qu'il y avait pratiquement un état de guerre entre les Français et les Anglais. Washington se préparait à marcher contre l'ennemi, et il était hors de question pour les jeunes de regagner le poste de traite sans aide. Tel étant le cas, Dave rejoignit les Virginia Rangers sous Washington, et avec lui son cousin Henry, et tous deux combattirent courageusement à la défense de Fort Necessity, où Henry fut grièvement blessé.

La défaite des Anglais à Fort Necessity fut suivie d'une amère nouvelle pour les Morris . Sam Barringford , un vieux trappeur bien connu de la localité et grand ami des garçons, arriva un jour très épuisé et avec l'information que le poste de traite était tombé sous l'attaque combinée de quelques Français menés par Jean Bevoir . et quelques Indiens menés par un coquin nommé Fox Head, qui était l'instrument de Bevoir . James Morris avait été fait prisonnier et ce qu'était devenu le commerçant Barringford ne pouvait pas le dire.

Le pauvre Dave, touché au cœur, était prêt à rechercher son père immédiatement, et ses proches et Sam Barringford étaient également impatients. Mais le poste de traite se trouvait à des kilomètres de là – à travers la forêt dense et au-dessus des montagnes sauvages – et le territoire était désormais aux mains de l'ennemi. Dans de telles circonstances, tous durent attendre tout l'hiver rigoureux et le printemps suivant, une période qui paraissait une éternité au garçon.

Le général Braddock avait été envoyé d'Angleterre pour prendre en charge les affaires contre les Français, et bientôt une expédition fut organisée ayant pour objet la réduction du fort Duquesne, qui était construit là où se trouve aujourd'hui la ville de Pittsburg. L'expédition était composée de grenadiers anglais amenés par Braddock et de plusieurs centaines de Virginia Rangers, sous les ordres de Washington. Avec les rangers se trouvaient Dave et Barringford . Henry souhaitait y aller, mais il était encore trop faible et on sentait que Joseph Morris ne pouvait pas être épargné de la ferme.

L'amère défaite de Braddock dans les environs de Fort Duquesne fut un grand choc pour toutes les colonies anglaises, et ce n'est que grâce au tact et à la bravoure du colonel Washington, ainsi qu'à la bravoure des rangers sous ses ordres, que l'armée en retraite fut sauvée de l'anéantissement total. ou capturer. Au cours de cette bataille, Dave fut abattu et capturé, mais ses ennemis l'abandonnèrent peu après dans les bois et, alors qu'il errait, plus mort que vivant, il rencontra White Buffalo, un chef indien ami, et, plus tard, Barringford et son père, prisonnier des Français depuis la chute du poste de traite.

Le retour de Dave et de son père a été accueilli avec une grande satisfaction par Joseph Morris et sa famille, qui ont fait tout ce qui était en leur pouvoir pour que les deux malades se sentent à l'aise. De M. Morris, on apprit que les peaux entreposées au poste de traite avaient été sauvées grâce à la gentillesse d'un autre commerçant anglais, de sorte que le Français Jean Bevoir et son outil indien Fox Head n'avaient pas beaucoup gagné au raid.

"Je suis certain que ce raid n'est pas l'œuvre des autorités françaises", a déclaré James Morris. "Mais maintenant que la guerre est déclenchée, ils défendront bien sûr tout ce que Jean Bevoir et ses partisans ont fait. Néanmoins, je maintiens que le poste de traite et les terres qui l'entourent m'appartiennent et qu'un jour je le ferai. revendiquez-le.

"Vous avez raison, mon frère", dit Joseph Morris. "Et, autant que je le peux, je me tiendrai à vos côtés dans cette réclamation. Mais je crains que les choses ne soient bien pires avant de s'améliorer."

"Oh, cela ne fait aucun doute. Cette victoire fera croire aux Français qu'ils peuvent nous marcher dessus."

"Oui, et cela fera plus", répondit Rodney, qui était maintenant un jeune homme depuis des années. "Beaucoup d'Indiens ont hésité entre prendre parti pour nous ou pour l'ennemi. Maintenant, beaucoup d'entre eux risquent leur fortune avec les vainqueurs, c'est la manière habituelle." Il s'étendit sur sa chaise et poussa un soupir. "J'aurais aimé être un peu plus fort, je rejoindrais l'armée et je les combattrais ."

"Nous n'avons pas vraiment d'armée actuellement", reprit James Morris. "La dernière fois que j'étais à Winchester, le colonel Washington n'avait qu'une poignée de soldats, tous les autres étant rentrés chez eux pour s'occuper de leurs fermes et de leurs plantations, et au fort de Will's Creek, ce n'était pas mieux. La solde offerte aux soldats est si pauvre que personne ne se soucie de rester dans les rangs. Le patriotisme semble être au plus bas.

"Ce n'est pas un manque de patriotisme", a déclaré Joseph Morris. "Aucun de nos soldats nationaux n'aimait les méthodes des troupes anglaises, et cela les rendait fous de voir leurs officiers renversés et les subalternes de Braddock poussés. Même Washington a dû faire des remontrances, même s'ils m'ont dit qu'il était prêt à se battre quoi qu'il arrive. position qu'ils lui ont donnée. Et les choses ne vont pas mieux dans le Nord. Soit l'Angleterre et nos colonies doivent se réveiller, soit, avant que nous le sachions, tout sera perdu pour les Français et leurs alliés indiens.

"Et les Indiens ?" » intervint Mme Morris. "Est-ce que ceux de White Buffalo sont passés du côté des Français ?"

"Les braves de White Buffalo ne l'ont pas fait", répondit son mari. "Mais la tribu est très divisée, et White Buffalo lui-même est presque fou à ce sujet. Il dit que certains des vieux chefs ne jurent que par les Français tandis que les jeunes guerriers s'accrochent tous à Washington. White Buffalo dit que lui-même ne lèvera jamais une guerre. tomahawk contre les Anglais - et je suis certain qu'il le pense vraiment.

"White Buffalo est un très gentil Indien", dit la petite Nell, assise sur le pas de la porte et jouant. "Ne m'a-t-il pas fabriqué cette poupée ? S'ils étaient tous aussi bons que lui , je n'aurais pas du tout peur." Et elle serrait contre sa poitrine la figure de bois grossière, le « gros tas de pappoose » avec lequel Buffle Blanc avait gagné sa confiance d'enfant.

"Je n'aurais pas non plus peur", dit Mme Morris. "Mais tous les Indiens ne sont pas aussi gentils et sincères que White Buffalo, et s'ils devaient un jour s'engager sur le chemin de la guerre et suivre cette voie..." Elle n'acheva pas, mais secoua tristement la tête.

"S'ils arrivent par ici, nous ferons de notre mieux pour les combattre", a déclaré James Morris. "Mais espérons qu'on n'en arrivera jamais là. La boucherie au poste de traite était suffisante, je ne souhaiterais pas voir de tels agissements autour de notre ferme."

"S'ils arrivent par ici, nous ferons de notre mieux pour les combattre", a déclaré James Morris. "Mais espérons qu'on n'en arrivera jamais là. La boucherie au poste de traite était suffisante, je ne souhaiterais pas voir de tels agissements autour de notre ferme."

CHAPITRE II

CERF ET INDIENS

Dave et Henry avaient quitté la maison une heure auparavant, espérant ramener avec eux au moins un cerf, voire deux. Henry était un grand chasseur, ayant abattu de nombreux oiseaux en vol et des écureuils en fuite, et il savait que s'il pouvait seulement avoir une bonne vue sur un cerf, le gibier serait à lui. Comme les anciens lecteurs le savent, Dave était également un bon tireur, il était donc probable que les jeunes rapporteraient quelque chose si un match se présentait.

C'était une journée fraîche et claire, avec juste un peu de neige au sol, un temps idéal pour chasser, et tandis que les garçons avançaient chacun se sentait de bonne humeur malgré les discussions sur les Indiens. À leur connaissance, il n'y avait aucune colonie indienne à des kilomètres d'eux, ni aucune peau rouge errante à moins d'une demi-journée de voyage.

"Bonjour, voilà une demi-douzaine de lapins !" s'écria Dave tout à coup, et il désigna une petite clairière à leur gauche.

"Ne tirez pas!" s'écria son cousin, bien que Dave n'eût pas levé son fusil à silex. "Si vous le faites, vous effrayerez certainement les cerfs, s'ils sont à portée de voix."

"Je n'allais pas tirer, Henry. Mais regarde les mendiants, assis et nous regardant ! Je pense qu'ils savent qu'ils sont en sécurité."

" Depuis les combats avec les Français, on n'a pas beaucoup chassé par ici, et donc le gibier est assez docile. Mais ils ne resteront pas longtemps : les voilà maintenant. Venez. "

Les deux hommes reprirent leur route à travers la forêt, Henry en tête, car il avait déjà parcouru ce sentier plusieurs fois auparavant. Les oiseaux étaient nombreux et ils auraient facilement pu remplir leur sac de toile s'ils l'avaient voulu. Mais tous deux pensaient au cerf, et pour Henry au moins, c'était un jeu ou rien, même si Dave aurait pu se contenter de quelque chose de plus petit. Pourtant, tous deux savaient que Mme Morris attendrait avec plaisir de recevoir du gibier frais pour sa table.

Enfin, les deux hommes atteignirent le ruisseau inférieur dont Henry avait parlé. Ici, le ruisseau qui coulait devant la ferme Morris s'est divisé en plusieurs bras, l'un coulant à travers une large clairière et les autres entrant dans la forêt et contournant une série de rochers bruts et une falaise de près de cinquante pieds de haut. À ce stade, la forêt n'avait jamais encore ressenti le poids de la hache de l'homme blanc et les arbres étaient restés là jusqu'à ce qu'ils soient abattus par la tempête ou le poids des années.

"Allez doucement maintenant", murmura Henry en attrapant son cousin par le bras. "S'ils nous entendent, le jeu est terminé."

"Le vent est avec nous", répondit Dave. Il ralentit néanmoins comme il le souhaitait, puis les deux hommes avancèrent avec une extrême prudence, chacun ayant veillé à ce que son arme à feu soit prête à être utilisée immédiatement.

Soudain, Henry s'est arrêté et s'est laissé tomber presque à plat derrière un rocher, et Dave l'a immédiatement suivi. En faisant un petit détour, ils avaient aperçu quatre cerfs, les sabots enfoncés dans l'eau en train de boire. Toutes les têtes étaient baissées, mais alors que les jeunes regardaient dans la direction, celui d'un vieux mâle surgit avec une secousse et il renifla l'air avec méfiance.

"Prenez le plus proche", murmura Henry doucement et rapidement. "Prêt?"

"Oui", fut la réponse basse.

Il y eut une seconde de silence, puis les deux canons parlèrent d'un seul tenant, les détonations résonnant et répercutant à travers la puissante forêt et le long de la falaise. Le cerf qu'Henry avait visé tomba dans l'eau, plongeant sauvagement dans ses agonies mourantes, tandis que celui frappé par Dave boitait péniblement sur la berge. Les autres, y compris le vieux mâle, firent demi-tour et s'enfuirent avec la rapidité du vent.

"Huzza ! Nous les avons ! " cria Henri. "Allez!" et il se leva d'un bond avec Dave à ses côtés. Non loin de là, un arbre mort gisait en travers du ruisseau et ils y grimpèrent rapidement pour ne pas se mouiller les pieds. Lorsqu'ils atteignirent l'endroit où le cerf avait bu , ils trouvèrent la proie d'Henry complètement morte. Le cerf que Dave avait frappé se débattait dans les broussailles.

"Je pense qu'il voudra un autre coup", a déclaré Dave, et il a rechargé son arme à feu à toute vitesse. Puis il s'est amorcé et s'est approché du cerf, mais avant de pouvoir appuyer sur la gâchette, Henry l'a arrêté.

"Il n'en a pas besoin", dit le jeune plus âgé. "Gardez votre poudre et votre balle. Je vais le réparer."

Donnant son arme à Dave, Henry se précipita derrière le cerf, en même temps dégainant le long couteau de chasse qu'il avait récemment pris l'habitude de porter. Saisissant sa chance, il plongea le couteau dans la gorge du cerf. Le coup se réalisa et bientôt la bête eut rendu son dernier soupir.

"Bien pour vous", s'écria Dave avec enthousiasme. "Inutile de parler, Henry, tu es fait pour un chasseur. Tu seras aussi bon que Sam Barringford si tu continues."

"Oh, tu as fait à peu près aussi bien que moi, Dave," fut la modeste réplique. "Mais c'est un butin de choix, inutile de parler. Mère va être chatouillée à mort."

"Je pense que nous serons tous contents : nous n'avons pas mangé de viande de cerf depuis un certain temps. Mais nous allons avoir du travail pour ramener ces deux carcasses à la maison. Inutile d'essayer de récupérer ces autres cerfs, n'est-ce pas ?"

"Utiliser ? Pas grand-chose ! Pourquoi ce vieux mâle doit être à environ deux ou trois miles d'ici à ce moment-là. Dis, c'était un grand gaillard, n'est-ce pas ? J'aurais aimé avoir ces cornes, mais je savais qu'il n'y en avait pas. il serait utile de le ramener vers le bas, sa viande serait trop dure et trop forte.

"Je pense que le mieux que nous puissions faire est de faire une traînée pour chaque cerf et que chacun ramène sa propre charge à la maison", a poursuivi Dave. "Si nous en laissons un ici, les loups et les renards en finiront bientôt avec la viande."

"Oui, c'est le seul moyen. Et autant se dépêcher, car il se fait tard et il nous faudra trois bonnes heures pour revenir avec de tels chargements."

Ils se mirent bientôt au travail, Henry avec son couteau de chasse et Dave avec sa lame de poche, coupant de longues broussailles souples qui constitueraient d'excellents traînages pour les deux charges. Leur bonne chance mettait chacun de bonne humeur, et pendant qu'il travaillait, Dave ne pouvait s'empêcher de siffler, ses airs préférés étant, comme autrefois, "Lucy Locket a perdu sa poche" et "La Dame du Pirate, O!"

Les broussailles coupées, ils ne perdirent pas de temps pour attacher rapidement leurs chargements, puis Henry les conduisit le long du cours d'eau, sans traverser la piste qu'ils avaient suivie auparavant.

"C'est presque aussi proche que l'autre", dit-il. "Et je pense que ce sera un peu plus facile de tirer."

"Eh bien, rends les choses aussi faciles que possible, Henry. Ce n'est pas une tâche légère, je peux te le dire. Sam Barringford me racontait un jour comment il avait traîné trois cerfs de Plum Valley jusqu'au nouvel endroit de Risley , sur la neige. Je ne sais pas. Je ne vois pas comment il a fait.

"Oh, c'est facile quand la croûte de neige est suffisamment dure : la traînée roule comme un traîneau. Mais j'admets que Sam est un homme merveilleusement puissant."

" En effet , il l'est. Eh bien, c'était un spectacle à voir : la façon dont il s'est battu lorsque Red Fox et ses partisans ont attaqué le poste de traite. Il était en lui-même une hôte à part entière. "

Au bout d'un quart d'heure, ils avaient atteint un coude du ruisseau, et maintenant Henry quitta le cours d'eau et continua sa route sur une colline basse adossée à une série de rochers.

"Ce sera une légère montée", a-t-il déclaré. "Mais cela nous fera gagner près d'un kilomètre. Nous pourrons nous reposer quelques minutes une fois arrivés au sommet. Quand nous y serons, je vous montrerai l'endroit où j'ai vu ces quatre ours il y a trois ans."

"Je ne sais pas, car je veux rencontrer quatre ours en ce moment."

"Oh, l'endroit n'est pas sur cette colline, c'est sur la colline à gauche. Sam Barringford l'appelait Pow-wow Hill. Il a dit que c'était une grande station balnéaire indienne lorsque les Miamies étaient dans ce quartier. Mais les peaux-rouges de Shunrum est venu et les a chassés.

Le sommet de la montée atteint, Dave fut assez content de se reposer, et tous deux s'assirent sur le tronc d'un monarque déchu de la forêt, demeure désormais de quelques tamias qui s'enfuirent rapidement à leur approche.

"C'est là que j'ai vu les ours", dit Henry en désignant de la main un bosquet d'arbres sur la colline voisine, assez loin. "Ils étaient en groupe en dessous... Salut ! Qu'est-ce que ça veut dire ?" Il s'interrompit net. "Derrière l'arbre, Dave ! Vite !"

La soudaine note d'alarme n'a pas échappé à Dave et en un clin d'œil, les deux jeunes chasseurs se sont accroupis derrière l'arbre tombé. Dave attrapa son arme et posa sa main sur la gâchette, mais Henry poussa le canon de la pièce vers le bas.

"Qu'as-tu vu?" venait du plus jeune des jeunes.

"Indiens!" fut la courte réponse. Henry jeta un coup d'œil attentif. "Oui, monsieur, Indiens, aussi sûrs que vous êtes nés. Cherchez par vous-mêmes."

"Par le roi, mais tu as raison !" s'exclama Dave, excité. "Deux, trois, j'en vois quatre."

"Je crois en avoir vu un cinquième, derrière ce rocher à droite. Oui, il est là."

"Pouvez-vous comprendre ce que c'est ?"

"Non, sauf qu'ils ne font pas partie de la tribu de White Buffalo."

"S'ils n'ont pas leur place dans ce quartier, ils sont ici pour rien", a déclaré Dave décidément.

"Je suis d'accord avec toi, Dave. Peut-être qu'ils sont en chasse. Mais pourquoi devraient-ils venir ici alors qu'il y a un meilleur gibier plus à l'ouest ?"

"S'ils sont à la chasse , ce n'est pas pour les animaux sauvages", a déclaré Dave de manière significative. "Est-ce qu'ils ont mis leurs peintures de guerre ?"

"Je ne peux pas les voir assez clairement pour ça."

Pendant plusieurs minutes, les deux jeunes restèrent silencieux, observant les Indiens lointains qui se déplaçaient. Ils avaient manifestement tué un animal sauvage, même si les observateurs ne pouvaient pas comprendre de quoi il s'agissait.

" S'ils ont tiré quoi que ce soit, ce doit être avant que nous atteignions ce quartier ", dit alors Henry. "Je n'ai entendu aucun rapport."

"Moi non plus. Mais peu importe. Que ferons-nous ?"

"Je ne sais pas, sauf pour rentrer à la maison avec notre match et les signaler. Je m'en fiche qu'ils nous voient, n'est-ce pas ?"

"Pas s'ils sont ennemis, et je pense qu'ils le sont."

"Pensez-vous qu'ils nous ont repérés ?"

"Je ne pense pas – même si on ne peut jamais le dire, ils sont si mignons. Ils ont peut-être un espion qui se fraye un chemin ici en ce moment même."

"Alors continuons sans tarder."

C'était facile de dire cela, mais comment procéder sans se faire remarquer était un problème. Le cerf d'Henry gisait derrière l'arbre tombé, mais celui de Dave était devant et le jeune chasseur ne voulait pas laisser son gibier derrière lui.

"Je vais prendre le risque", dit Dave, et rampant prudemment autour de l'extrémité de la souche de l'arbre tombé, il tendit la main et attrapa l'une des extrémités de la traînée. Mais la tâche était difficile et alors qu'il tirait, le cerf glissa au sol et l'extrémité de la branche de l'arbre fut soudainement élevée dans les airs.

"Lâchez-le", cria Henry, et Dave le fit. "Ils ont dû voir ça, Dave. Tu vois, deux d'entre eux regardent dans cette direction. Nous ferions mieux de nous enfuir et d'agir rapidement."

"Je vais avoir ce cerf", répondit le plus jeune chasseur, et attrapant le gibier par les pattes postérieures, il le traîna derrière l'arbre. Puis les deux garçons se précipitèrent vers le côté opposé de la colline à toute vitesse. Ici, ils placèrent les deux cerfs sur la seule traînée et poursuivirent leur chemin vers la maison à toute vitesse possible.

CHAPITRE III

DÉCOUVERTE ET POURSUITE

Il faut avouer que les deux jeunes gens étaient profondément alarmés, et avec raison. Depuis la défaite de Braddock, ils avaient entendu parler du soulèvement des Indiens à Nancoke , Lusher's Run, Willowbury et dans plusieurs autres petites colonies, et avaient entendu parler du meurtre de plusieurs familles allemandes à vingt-cinq milles au nord du fort de Will's Creek, et du meurtre de plusieurs familles allemandes. meurtre de Lee Cass, de sa femme et de ses quatre enfants, à trente milles dans la vallée. Les épidémies n'étaient pas le résultat d'efforts unis de la part des Indiens, mais on ne savait pas dans combien de temps les différentes tribus déterreraient la hache de guerre et descendraient en force et simultanément sur toutes les colonies frontalières.

Du haut de la colline, Henry s'était attendu à rentrer directement chez lui, mais ce parcours nécessiterait la traversée d'une clairière d'un quart de mile de superficie et un tel chemin qu'il jugeait maintenant imprudent d'emprunter.

"S'ils nous suivent, il leur sera très facile de nous repérer à découvert", a-t-il déclaré. "Nous ferions mieux de nous en tenir à la forêt. Bien sûr, ils peuvent suivre la trace du traîneau assez facilement, mais je déteste l'idée de renoncer à autant de viande, après que nous ayons fait un tel voyage pour l'abattre."

"N'abandonnons pas encore", a plaidé Dave. Le cerf était le plus gros qu'il ait jamais abattu, et il était par conséquent fier de son spectacle. "Peut-être qu'ils ne nous en veulent pas du tout."

Ils continuèrent leur route aussi vite que le permettaient leurs membres un peu fatigués. Il y avait une autre colline à franchir, au-delà de laquelle se trouvait un cours d'eau menant à l'arrière de leur ferme.

"Je pense que je sais où se trouve un radeau difficile", a déclaré Henry. "Et si je peux le trouver, nous pouvons placer les cerfs dessus et les remorquer jusqu'à la maison. Nous pourrions être mouillés, mais ce sera un travail facile et nous pourrons gagner plus de temps que sur le sol."

"Vous avez raison, Henry, et rappelez-vous, l'eau ne laisse aucune trace", a répondu Dave.

Ils arrivèrent bientôt au bord du ruisseau, qui à cet endroit avait plusieurs pieds de profondeur et cinq à dix mètres de largeur. Les berges étaient couvertes de buissons, mais maintenant dépourvus de feuilles. À un endroit se trouvait une crique et ici Henry montra le radeau dont il avait parlé, une affaire grossière de quatre rondins courts attachés ensemble avec des brins de saule.

"Nous pouvons y parvenir facilement", a déclaré Dave en examinant l'affaire. "Viens, jetons les cerfs à bord immédiatement. Nous pouvons patauger le long de la berge et..."

Il s'interrompit et saisit le bras de son cousin. Son regard s'était égaré en amont du ruisseau jusqu'à un virage à plusieurs mètres de là et il avait vu la proue d'un canot indien et les coiffures de plusieurs guerriers peints.

"Par gingembre ! Plus d'Indiens !" » éjacula Henry, et tous deux tombèrent à plat ventre sur leur gibier mort. "Combien en as-tu vu, Dave ?"

"Trois ou quatre, et il y en a plusieurs autres !"

"Oui, et ils sont dans leur peinture de guerre ! Dave, tu sais ce que je pense ?"

"Qu'ils sont sur le chemin de la guerre ? Oh, Henry, si c'est le cas..." Dave n'a pas fini, mais a regardé son cousin avec anxiété.

« Si tel est le cas, cela signifie que chaque ferme à des kilomètres à la ronde est en danger. Et nous n'avons pas un seul soldat à moins de cinquante milles ! » ajouta le plus âgé avec presque un gémissement.

Pendant tout ce temps qu'ils parlaient, ils gardaient les yeux fixés sur les Indiens, et ils virent alors les hommes rouges sortir sur le ruisseau et passer du côté qu'ils occupaient. Puis, tout à coup, les guerriers poussèrent un cri propre à semer la terreur dans leurs cœurs.

"Ils nous ont découverts ! Ils sont après nous !" jaillit des lèvres de Dave. "Que devons-nous faire?"

"Nous devons courir pour y parvenir", fut la réponse d'Henry. "Dépêchez-vous, avant qu'il ne soit trop tard."

"Mais le cerf———."

"Il va falloir les laisser partir. Venez !"

Côte à côte, ils s'élancèrent dans la forêt au bord du cours d'eau et se frayèrent un chemin à toute vitesse entre les buissons, les arbres et les rochers. Il n'y avait aucune trace et aucun des deux ne savait exactement où il allait. Un jour, Dave a trébuché sur des racines et a lancé tête baissée, mais il s'est relevé en toute hâte et, haletant, a continué comme avant.

La retraite des deux jeunes chasseurs ne fut pas très rapide, car à peine étaient-ils arrivés à l'abri du bois que plusieurs Indiens décochèrent leurs flèches, dont l'une faillit couper l'épaule d'Henry. Cela a réglé la situation au-delà de toute contestation.

"Ils sont sur le chemin de la guerre, sinon ils ne nous tireraient pas dessus", a déclaré Dave. "Es-tu ailé ?"

"Non, mais c'était un objectif assez serré. Qui peuvent-ils être ?"

"Je crois qu'ils font partie de la sale bande de Fox Head. S'ils nous attrapent , je crois qu'ils nous tueront."

"Ou gardez-nous pour la torture", répondit le plus âgé. "Mais ils ne nous rattraperont pas si je peux l'aider – et je pense que je peux."

Pendant que les deux parlaient, ils avançaient encore et encore, s'enfonçant de plus en plus profondément dans la forêt. Tous deux souhaitaient reprendre la direction de leur foyer, mais n'osèrent pas le faire, craignant que les Indiens ne les attendent pour les repousser .

Au début, les cris de leurs poursuivants semblaient désagréablement proches, mais maintenant ils s'éteignirent complètement. Mais si les Peaux-Rouges avaient abandonné la poursuite ou s'ils avançaient en silence, ils ne pouvaient le dire.

"Je ne pense pas qu'ils abandonneront si vite", fut le commentaire d'Henry alors qu'ils s'arrêtaient quelques secondes pour reprendre leur souffle. "Je pense qu'ils ont découvert que ça ne sert à rien de crier. Nous pourrions avoir une autre volée de flèches avant de nous en rendre compte."

Une fois de plus, ils repartirent. Leur parcours formait désormais un large demi-cercle, calculé pour les amener dans la clairière du côté est de leur ferme.

"Nous passerons devant la nouvelle cabane d'Uriah Risley ", a déclaré Dave. "C'est notre devoir de l'avertir de ce danger. Il n'est pas un grand chasseur d'Indiens, et si les Peaux-Rouges viennent ici , lui et sa femme seront à leur merci."

Uriah Risley était un Anglais qui s'était installé dans les environs avec sa femme plusieurs années auparavant. Lorsque Dave était en voyage à Annapolis avec son oncle, les deux s'étaient arrêtés chez Risley et s'étaient agréablement divertis. Depuis lors, l'Anglais, s'étant habitué à la vie de pionnier, s'était déplacé plus à l'ouest et s'était construit une cabane deux fois plus grande que celle qu'il occupait auparavant. Mais bien que l'homme fût un bon fermier et bûcheron, il était un piètre tireur d'élite et chasseur, et lui et sa femme vivaient dans la crainte des gros animaux sauvages et des Indiens hostiles.

Comme je l'ai déjà dit, la nuit tombait et il faisait sombre sous les arbres élevés. Il leur fallait maintenant se frayer un chemin avec précaution, de peur de tomber dans quelque trou dangereux. Un demi-mile de plus était parcouru lorsque Henry s'arrêta. Dave en était content car il avait marché sur une pierre lâche quelques instants auparavant et lui avait donné une vilaine torsion à la cheville.

"Je me demande quelle est la route la plus directe vers Risley ", a déclaré le jeune plus âgé.

"Je crois que c'est la direction", répondit Dave en désignant la main.

"Je pense que tu as raison, Dave. Et à quelle distance estimes-tu que nous sommes de sa cabine ?"

"La meilleure partie d'un mile."

" Je suis encore d'accord. Prenons une route directe. Les Indiens doivent être loin en arrière... s'ils n'ont pas complètement abandonné la chasse. "

Quelques minutes plus tard, ils se frayaient à nouveau un chemin à travers la forêt, la végétation étant ici si épaisse qu'ils pouvaient à peine passer. Au-dessus d'eux, une légère brise soufflait, mais ils ne ressentaient que peu de choses. Loin à l'ouest, le soleil se couchait lentement derrière les montagnes, projetant de longues ombres sur la cime des arbres. Ici et là, les oiseaux de nuit s'accordaient, mais sinon tout était aussi calme qu'un cimetière.

La nuit venue et la gravité de leur situation rendirent les garçons pensifs, et pendant longtemps aucun mot ne fut prononcé. Henry pensait à ses parents, à sa sœur et à son frère, et se demandait s'ils étaient encore en danger, tandis que les pensées de Dave se tournaient vers son père, qui avait déclaré ce matin-là qu'il avait l'intention de se rendre au fort de Will's Creek pour affaires. Son parent était-il au fort et les soldats là-bas auraient-ils des nouvelles du prochain raid indien ?

Les deux jeunes chasseurs étaient plongés dans leurs réflexions lorsqu'Henry aperçut une lumière juste devant eux. Ils venaient de franchir une colline et trouvèrent la lumière dans un creux entre plusieurs rochers. C'était un campement indien, et autour de l'incendie étaient assis une vingtaine de guerriers, fumant leurs longues pipes et écoutant le discours prononcé par un grand chef qui se tenait au milieu d'eux.

"Plus d'Indiens !" murmura Henry en se jetant à plat ventre. "Le quartier semble en être rempli. Dave, cela signifie un affreux soulèvement ! Nous devons revenir au plus vite et prévenir tout le monde !"

"J'ai déjà vu certains de ces Indiens", murmura le plus jeune. "Ils faisaient partie de la bande qui a attaqué le poste de traite lorsque mon père est arrivé ici. Ils appartiennent à la bande de Fox Head et je crois que c'est Fox Head lui-même qui s'adresse à eux, car il avait une tête de renard qui traînait sur son épaule et une brosse de renard parmi eux. " Les plumes de sa tête. J'aimerais lui tirer dessus là où il se trouve. Il le mérite, pour tout ce qu'il a fait pour nous blesser. " Et Dave a soudainement serré son arme, ce qui était très suggestif.

"Non non!" intervint son cousin. "Si vous le laissiez tomber, toute la meute serait sur nous comme autant de loups. La seule chose que nous pouvons faire est de nous enfuir et de donner l'avertissement. Rampant de l'autre côté de la colline et contournons-le."

Sans tarder, ils commencèrent à faire ce que Henry leur avait conseillé. Ce n'était pas une tâche facile, car les broussailles étaient épaisses et les rochers pointus et inégaux. Ils n'avaient pas parcouru une distance de cinquante pieds lorsqu'Henry heurta une pierre détachée et l'envoya tomber sur une douzaine d'autres.

Instantanément, une demi-douzaine d'Indiens se levèrent d'un bond et le discours du principal Indien prit fin brusquement.

"Le jeu est terminé !" s'écria Dave. « Courons ! » Et ils coururent aussi vite que l'obscurité et la nature du sol le permettaient. Les Indiens les poursuivirent, leur crièrent de s'arrêter, puis envoyèrent plusieurs flèches et un coup de feu, dont aucun n'eut cependant d'effet.

"Nous y sommes maintenant!" » haletait Dave, alors qu'ils s'arrêtaient dans une petite clairière, entourée de tous côtés par des rochers et des fourrés denses. "Je suis sûr que je ne sais pas comment me tourner, n'est-ce pas ?"

"Si le pire devait arriver, nous pouvons prendre position contre ces rochers", répondit sombrement son cousin. "Mais viens, je crois que je vois une ouverture."

Il se dirigea vers les rochers et s'avança prudemment dans l'obscurité. Il y avait une ouverture qu'ils n'avaient pas remarquée auparavant, une crevasse de plusieurs pieds de large et à la fois profonde et longue. Il s'y glissa et Dave le poursuivit. Ils avancèrent parmi les vignes mortes, les feuilles et les détritus sur une distance de trente pieds, puis s'arrêtèrent dans ce qui aurait été une petite grotte sans la fente d'une ouverture au sommet. En retenant leur souffle, ils attendirent, tandis que leurs poursuivants se rapprochaient progressivement.

CHAPITRE IV

INCENDIE DE LA CABINE

Les deux jeunes chasseurs ne tardèrent pas à entendre clairement les Indiens. De toute évidence, les hommes rouges n'ont pas jugé nécessaire d'avancer avec plus de prudence qu'à l'ordinaire, car ils conversaient entre eux à voix basse, ce que Dave et Henry écoutaient avec intérêt, bien qu'ils ne comprenaient pas grand-chose de ce qui se disait.

Bientôt, un guerrier prit position devant la crevasse et à moins de cinq mètres de l'endroit où les jeunes étaient cachés. De toute évidence , il écoutait leurs bruits et ils osaient à peine respirer. Comme on pouvait s'y attendre, Dave ressentit à cet instant une forte envie d'éternuer, mais il réprima ce désir, bien qu'en conséquence il faillit faire éclater un vaisseau sanguin.

Bientôt un autre Indien arriva, puis un troisième. Une conversation de plusieurs minutes s'ensuivit et un guerrier commença à allumer une torche. Mais les autres l'arrêtèrent, craignant que cela n'attire le feu des Blancs. Puis un homme rouge se déplaça vers la droite, un autre vers la gauche, tandis qu'un troisième rampait sur les rochers et à travers les buissons poussant au-dessus de l'ouverture.

Au moment où les Indiens ne pouvaient plus entendre et osaient respirer plus librement, l'obscurité de la nuit s'était lourdement installée et, au-dessus de leur tête, les étoiles apparaissaient une à une. Ils attendirent encore un peu, puis Henry attrapa Dave par le bras.

"Qu'en penses-tu?" Il murmura. "Est-ce qu'ils sont partis ?"

"Je le pense", répondit le plus jeune garçon. "Mais on ne sait pas quand ils reviendront. Mais je pense que nous ferions mieux de partir d'ici."

"Je suis d'accord. Mais nous ne pouvons pas suivre le cap que nous suivions. Je pense que le mieux que nous puissions faire est de tourner plus à gauche et de frapper Risley par l'ouest", a ajouté Henry.

Dave était d'accord, et aussi prudemment que possible, ils remontèrent hors de la crevasse par où ils étaient venus. Juste au moment où Dave était sur le point d'entrer dans la clairière, un brusque bruit le fit reculer brusquement.

"Qu'est ce que c'est?" est venu rapidement de son cousin.

"Un animal sauvage", fut la réponse après une pause.

"Est-ce que ça t'a attaqué ?"

"Non, mais c'était assez proche. J'ai d'abord cru que c'était un Indien sautant hors de l'herbe."

Ils s'éloignèrent côte à côte, chacun avec son fusil prêt à l'emploi. Comme Henry était le chasseur de la famille Morris et connaissait la forêt mieux que quiconque, Dave lui a permis de faire les conseils qui lui paraissaient nécessaires. Ils poursuivirent leur route sur une colline puis sur une autre, puis suivirent les méandres d'un petit ruisseau qui, selon Henry, coulait à une portée de fusil de la ferme des Risley .

Ils étaient en train de franchir un coude du cours d'eau lorsqu'un autre animal sauvage surgit juste sous les pieds d'Henry. C'était un renard qui se reposait dans une bûche creuse et, dans son désir de s'enfuir, l'animal frappa les jambes de Dave, le bouleversant.

"Oh!" cria Dave en descendant. « Au secours ! Tirez-lui dessus ! »

"C'est un renard !" » s'écria Henry, et tandis que l'animal le dépassait, il plongea et attrapa la bête par les broussailles. Le renard poussa un grognement et essaya de le mordre, mais avant que la tête n'arrive, le jeune chasseur fit pivoter le renard en cercle et l'abattit avec un bruit sourd sur le rondin. Le premier coup fut suivi d'un autre qui brisa le crâne de la bête comme s'il s'agissait d'une coquille d'œuf.

" Voilà ! il ne dérangera plus jamais personne ", dit Henry en jetant la bête à terre. "J'aurais aimé avoir le temps de l'écorcher. Mais nous ferions mieux de ne pas perdre une minute."

"Henry, tu es un merveilleux chasseur !" éclata Dave. "Je ne crois pas que j'aurais pu faire ça. C'était bien mieux que de lui tirer dessus, car cela économisait de la poudre et évitait aussi de faire du bruit."

"Sam Barringford m'a appris ce truc, mais pas sur un renard. Je l'ai vu une fois donner la vie à un loup boiteux de cette façon, et il attrape souvent des serpents par la queue et leur arrache la tête, à la manière d'un fouet."

Laissant le renard là où il était tombé, ils continuèrent leur chemin le long du ruisseau jusqu'à gagner une petite clairière. Au-delà se trouvait une ceinture de bois hauts et lourds qui, du côté opposé, marquait la limite de la nouvelle revendication territoriale d'Uriah Risley , celle qu'il avait obtenue, par l'intermédiaire du colonel Washington, du vieux Lord Fairfax, qui résidait toujours à Greenway Court.

"Je vois une lumière !" » dit Dave, alors qu'ils s'arrêtaient au bord du bois. "Regarder!"

Henry l'a fait. Il s'agissait apparemment d'un petit incendie dans la direction où se trouvait la cabane de Risley .

"Est-ce que ça peut être un feu de camp indien ?" » poursuivit le jeune chasseur.

"Je ne pense pas, Dave. C'est pire que ça."

" Pire ? Oh, Henry, tu penses que c'est la cabane de Risley qui brûle ? "

"C'est exactement ce que je pense. Tu vois, la flamme s'éclaire de plus en plus. Soit c'est la cabane, soit cette étable qu'il a construit. Allez, nous le saurons bientôt."

Henry se lança alors dans une course à travers les bois, traçant le chemin avec toute l'habileté d'un vieux pionnier. Dave restait près de son cousin. À mesure qu'ils avançaient, ils virent le feu plus clairement et le virent s'étendre et monter plus haut vers le ciel. C'était sans aucun doute la cabane d'Uriah Risley , et maintenant la nouvelle étable avait attrapé et était également en train d'être consumée par l'élément dévorant.

"C'est l'œuvre des Peaux-Rouges", haleta Henry, alors qu'ils sautaient par-dessus des rochers rugueux et se frayaient un chemin à travers un bouquet de jeunes arbres. "Et cela prouve sans aucun doute qu'ils sont sur le chemin de la guerre."

Pendant qu'il parlait, un coup de feu retentit, venant de très loin. Un autre bruit suivit, puis tout devint aussi silencieux qu'avant.

"Ce doit être Risley , ou quelqu'un d'autre, qui combat les Indiens", a déclaré Dave. "Il faudra faire attention sinon nous tomberons dans un piège."

"Gardez dans le bois", répondit Henry. "Pour autant que nous sachions, il pourrait y avoir une centaine de peaux-rouges dans les environs. Écoutez ! Ils sont bien sûr autour de la cabane."

Ils écoutèrent et, au milieu du crépitement des flammes, ils entendirent maintenant les cris et les cris d'une vingtaine d'Indiens, tandis que l'éclat vacillant leur montrait les formes sombres se déplaçant dans une direction et dans une autre. Certains Indiens avaient trouvé une dame-jeanne pleine d'alcool appartenant à l'Anglais et l'avalaient avec grande joie, tandis que d'autres paradaient avec divers butins de guerre à la main.

"J'aimerais leur donner une chance, ils le méritent", marmonna Dave.

"Ne le faites pas", s'interposa Henry précipitamment. "Ils tomberaient sur nous comme une aubaine."

« À votre avis, que sont devenus M. Risley et sa femme ?

"Dieu seul le sait, Dave. J'espère qu'ils se sont échappés."

"Si c'était M. Risley qui tirait, pensez-vous que sa femme est avec lui ?"

"On ne sait pas. Peut-être qu'il n'était pas chez lui lorsque les Indiens sont arrivés. Si c'est le cas, alors Mme Risley est soit morte, soit prisonnière."

« Était-elle seule ?

"Je le pense – au moins, je n'ai entendu parler de personne qui était venu là-bas ces derniers temps."

"Je me demande si nous ne pouvons pas nous rapprocher un peu sans être vus ? Peut-être pouvons-nous apprendre quelque chose à notre avantage."

"Nous pourrions contourner un peu les bois. Mais soyez prudent, et si les Indiens viennent nous chercher, nous ferions mieux de courir sans nous arrêter pour tirer , à moins, bien sûr, qu'ils ne s'approchent trop près", a ajouté Henry.

Une fois de plus, il ouvrait la voie, lentement et prudemment, passant d'un arbre à l'autre dans un silence absolu. Le feu était maintenant à son paroxysme, illuminant le ciel sur une longue distance à la ronde. Les étincelles soufflaient dans leur direction, mais la légère chute de neige avait mouillé les arbres et les broussailles, donc aucun mal n'a été fait.

Bientôt, ils se retrouvèrent à nouveau près du ruisseau, qui traversait à cet endroit un jardin qu'Uriah Risley avait mis en forme la saison précédente. Au bord du ruisseau se trouvait une laiterie grossièrement construite, faite de grosses pierres pour les murs et de bois non taillés pour le toit. Derrière cela, les garçons s'accroupissaient pour avoir une autre vue de ce qui se passait au centre de la clairière.

Les Indiens qui avaient bu à la dame-jeanne devenaient hilarants et leurs cris sauvages pouvaient être entendus au loin. Au début de l'incendie, quelques meubles avaient été transportés, une commode et un bureau, et maintenant quelques hommes rouges se mirent au travail pour ouvrir les deux articles et voir ce qu'ils contenaient.

"Ils recherchent tout ce qui a de la valeur sur lequel ils peuvent mettre la main", marmonna Dave. "Quel dommage ! Voyez-vous quelque chose de... ?"

Le jeune chasseur s'interrompit net, car à cet instant un faible gémissement de douleur sortit de l'intérieur de la laiterie.

"Etes-vous... vous les Blancs !" » est venu en haletant. "Si c'est le cas, pour l'amour du ciel... sa... sauve-moi !"

"C'est Mme Risley !" s'écria Dave, car il se souvenait bien de cette voix. Il releva la tête jusqu'à une fissure dans le bordé grossier. "Mme Risley , êtes-vous seule ?" » il a interrogé. "C'est moi, Dave Morris, qui parle."

"Dave Morris !" Un gémissement suivit. "Oh, Davy, mon garçon, sauve-moi, n'est-ce pas ? Je suis presque mort !"

"Je ferai ce que je peux pour vous, Mme Risley . Mon cousin Henry est avec moi. Nous étions en train de chasser lorsque les Indiens ont failli nous capturer. Les bois en sont pleins. M. Risley est -il là ?"

"Non, il est allé à Will's Creek pour affaires. J'ai vu les Indiens arriver et j'ai essayé de m'enfuir. Mais ils m'ont tiré dessus avec leurs flèches et l'une d'elles m'a traversé l'épaule gauche. Ensuite, j'ai fait semblant d'entrer dans la maison et de me cacher, " Et quand ils sont entrés , j'ai sauté par la fenêtre arrière et j'ai couru vers cet endroit. Je suis entré dans l'eau jusqu'aux épaules et j'ai passé un morceau de planche au-dessus de ma tête, pour rester hors de vue. Ils sont descendus ici et j'ai pensé Je suis sûr qu'ils me trouveraient, mais ils ne l'ont pas fait. Mais j'ai failli mourir de froid, et la blessure de la flèche m'a fait très mal. Vous m'aiderez, n'est-ce pas ?

"Pour être sûr que nous vous aiderons", intervint Henry. "Mais tout ce que nous pouvons faire pour le moment, c'est vous conduire dans les bois, et vous pouvez prendre ma veste sèche si vous le souhaitez. Nous ferions mieux de partir directement vers notre maison."

"Je vois l'éclat d'un feu. Est-ce qu'ils—ils———?" La pauvre femme ne pouvait pas finir.

"Oui, je suis désolé de dire que la cabane est sur le point d'être incendiée", a déclaré Dave. "Mais viens, si ton mari n'est pas là, nous ferions mieux de ne pas perdre de temps ici. Nous aurons peut-être besoin de nous à la maison. Cela peut être tout aussi grave là-bas, tu sais."

Les deux jeunes chasseurs rampèrent jusqu'à la porte de la laiterie et entrèrent. La planche fut rapidement relevée et ils aidèrent Mme Risley à sortir du trou d'eau dans lequel elle était accroupie, le menton posé sur ses genoux. Elle était si glacée et si raide, et si faible à cause de sa blessure, qu'elle pouvait à peine se tenir debout, et ils durent littéralement la porter dans le bois d'où ils venaient.

CHAPITRE V

SOULEVEMENT DES INDIENS

Soutenant Mme Risley entre eux, les deux jeunes gens ne s'arrêtèrent qu'après avoir parcouru une distance de cinq ou six verges dans le bois. Ils avaient traversé de nouveau le ruisseau et atteignaient maintenant une légère colline d'où ils pouvaient voir la cabane, qui flambait toujours, bien que le toit et un côté soient effondrés.

Ils voyaient la cabane toujours flamboyante.

La faible lumière de l'incendie, tamisant les branches nues des arbres, était la seule lumière dont ils disposaient, et ils déposèrent ainsi la victime et entreprirent de la rendre aussi confortable que possible. Comme par hasard,

Dave portait deux vestes, toutes deux un peu fines. Il en donna un à Henry, qui à son tour donna sa veste épaisse à Mme Risley .

"Tu... tu es sûr de pouvoir l'épargner ?" elle a demandé.

"Oui, oui", répondit Henry. "Je suis désolé de ne pas pouvoir te donner quelque chose à mettre par-dessus ta robe, mais je n'ai rien. Avant d'enfiler la veste, laisse-moi panser cette blessure par flèche."

Il n'y avait plus de temps pour faire la cérémonie et elle lui permit de panser la blessure avec toute l'habileté qu'il pouvait rassembler, Dave veillant pendant ce temps, afin que les Indiens ne les surprennent pas. Heureusement , Henry, ayant lui-même souffert de la même manière, savait quoi faire, et après qu'il eut fini, Mme Risley annonça que la plaie était grandement soulagée.

"Mais je ne vois pas comment je pourrais voyager loin", dit-elle en essayant de se relever. "Mes membres tremblent sous moi."

"Nous allons vous aider", a déclaré Henry avec sympathie, et Dave a fait écho à ces mots.

Avec la femme blessée entre eux, il n'était pas facile de se frayer un chemin à travers la forêt noire et plus d'une fois l'un ou l'autre trébucha sur une racine d'arbre ou dans un trou. En regardant en arrière, ils ont constaté que le feu était en train de s'éteindre. La coqueluche des hommes rouges s'atténua également et finit par cesser complètement.

"Je sais que vous souhaitez rentrer à la maison", haleta Mme Risley à ce moment-là. "Mais... mais... je ne peux pas y aller... faire un pas de plus !" Et avec ces mots, elle s'avança et serait tombée en tas si leurs bras forts et juvéniles ne l'avaient pas soutenue.

" Elle s'est évanouie, " dit Henry, " et cela n'a rien d'étonnant. Venez, voici une sorte d'abri entre les rochers et ces arbres. Autant la laisser se reposer là, car nous ne pouvons pas la porter tout entière. " le chemin du retour."

"Mais le retard..." commença Dave.

"Tu ne souhaites sûrement pas la laisser à son sort, Dave ?"

"Non ! non ! Tu me connais mieux que ça, Henry, mais je pensais à ceux qui restent à la maison. Ils peuvent aussi avoir des ennuis, et si c'est le cas, ils auront besoin de nous."

"J'ai réfléchi à un plan. Je suis plus fort que toi et peut-être que je pourrai la faire vivre seule, une fois qu'elle aura récupéré. Pouvez-vous trouver la maison d'ici ?"

"Je pense que je peux. Le ruisseau est juste au-delà de la prochaine parcelle de bois, n'est-ce pas ?"

"Oui, dans cette direction." Henry montra de la main. "Si tu trouves que tout va bien, tu pourras peut-être ramener ton père pour l'aider. S'il n'a pas peur que les Indiens arrivent entre-temps."

ainsi arrangé, et sans perdre un instant, Dave commença son chemin solitaire à travers les bois sombres, maintenant aussi silencieux que la tombe, car le vent s'était calmé et les derniers oiseaux nocturnes avaient lancé leurs derniers cris.

Dans des circonstances normales, Dave aurait été somnolent, car le piétinement de la journée avait suffi à fatiguer n'importe qui, mais maintenant toute pensée de repos était bannie et il était plus alerte que jamais alors qu'il s'avançait, l'arme devant lui, et ses yeux changeaient d'un côté à l'autre. objet sombre à un autre, à la recherche d'un éventuel ennemi.

Dave était au milieu du prochain morceau de bois, quelques beaux noyers et châtaigniers, lorsqu'il aperçut quelque chose briller dans l'obscurité, loin à sa gauche. Il fut immédiatement intéressé, se demandant quelle pouvait être la lumière. Il s'arrêta et regarda attentivement dans la direction.

« Ce doit être un feu de camp indien », songea-t-il. "Qu'il doit y avoir beaucoup de peaux-rouges dans les environs !"

Il s'apprêtait à s'éloigner du feu, quand quelque chose le poussa à se tourner vers lui, pour s'assurer qu'il ne s'agissait pas du campement d'amis. Il se peut qu'il s'agisse de Barringford ou d'un autre trappeur dans les bois, et si c'est le cas, il serait loin d'être judicieux de ne pas le voir, car une telle personne pourrait peut-être se permettre de fournir l'aide dont elle a besoin.

Faisant attention à chaque pas, Dave s'est progressivement rapproché du feu de camp. Il y avait une petite clairière sèche, bordée par une série de rochers bas, et derrière ces rochers le jeune chasseur était accroupi. La vue qui rencontra son regard le tint envoûté.

Le feu de camp au centre de la clairière était divisé en deux parties, l'une à l'est et l'autre à l'ouest. Celui de l'Est était assailli de pieux tranchants tandis que son compagnon était utilisé à des fins culinaires.

Autour des deux feux de camp se trouvaient une trentaine d'Indiens ; tous plus qu'habituellement hideux avec leurs taches de peinture de guerre rouge, bleue et jaune, et leurs couronnes de plumes colorées et leurs chapelets de dents d'animaux et de crânes humains. Les hommes rouges marchaient autour des feux de camp, mais maintenant ils s'arrêtèrent et tous tombèrent les jambes croisées sur le sol.

Soudain, après une seconde de silence, un Indien, grand et droit, se leva d'un bond et tendit les bras de tout son long avant de commencer à balancer son corps d'un côté à l'autre. Puis il courut vers l'un des feux et, tirant un bâton pointu de sa place dans le sol, il en frappa le bout brûlant sur la poitrine.

"C'est la peur que Spotted Wolf a à l'égard des Anglais", a-t-il crié dans sa langue maternelle. "Même s'il a retiré ce pieu du sol, il tirera les Anglais de leurs cabanes et les brûlera sur le bûcher. Les Anglais s'enfuiront au son de son cri de guerre, et les enfants des Anglais mourront de peur quand " Il s'approche. Les Français sont nos amis mais les Anglais seront nos ennemis tant que l'un d'eux sera autorisé à vivre. J'irai en avant pour tuer ! Spotted Wolf a parlé. "

Il s'assit et immédiatement un autre guerrier bondit et, avec un autre bâton brûlant, accomplit la même performance. "Je m'appelle Black Eagle", s'écria-t-il, "parce que j'ai des yeux qui ne dorment jamais et une force qui m'a été transmise par Elk Heart, mon père, et Janassarion , mon grand-père, celui qui a tué le puissant Petit Tonnerre des Delawares. Nos guérisseurs ont parlé et les Anglais doivent être chassés comme des loups en hiver. Si nous leur accordons cette terre, et aux Français celles au nord et à l'ouest, où l'Indien trouvera-t-il son terrain de chasse lorsqu'il chassera ? , et où élever son wigwam quand il voudrait se reposer avec sa squaw et ses enfants ? Moi aussi, je tuerai et brûlerai jusqu'à ce que notre terre ne les connaisse plus ! J'ai la force de dix hommes blancs et je m'en servirai. Black Eagle a parlé."

Il n'avait pas encore fini que deux autres surgirent, suivis par d'autres, jusqu'à ce que presque tous se remettent sur pied, parlant de leurs prétendus torts et se vantant de leur force, et se promettant de faire tout ce qui est en leur pouvoir pour anéantir tous les Anglais. colons à l'ouest des montagnes Blue Ridge. Les vantardises étaient souvent ridicules, mais il était facile de voir que les Indiens étaient en train de se mettre dans un état d'esprit où ils n'hésiteraient devant rien pour atteindre leur objectif.

Dave ne pouvait comprendre que quelques mots de ce qui était dit, mais, après avoir entendu de telles scènes décrites par son père et Sam Barringford , il savait qu'il s'agissait d'un « grand discours de guerre », comme les appelait White Buffalo. Une fois, il crut entendre prononcer le nom de son oncle Joe et son cœur s'arrêta presque de battre. Ils doivent sûrement planifier une attaque contre sa maison, et cela pour très bientôt !

"Je dois revenir et donner l'avertissement !" se dit-il. "Henry devra faire de son mieux avec Mme Risley . S'ils arrivent à la cabane et tuent oncle Joe, que deviendront Rodney, tante Lucy et la petite Nell ? Oh, je dois y retourner !"

Se retournant, il rampa hors de cet endroit avec précaution et, une fois de retour dans le bois, il se mit à courir, son fusil en bandoulière et ses mains tendues devant lui, pour éviter de se heurter à un quelconque obstacle. Plus d'une fois, il s'est cogné contre un arbre ou est tombé étalé sur des racines exposées, lui coupant le souffle. Mais il se relevait toujours et repartait avec une rapidité intacte. En effet, plus il se rapprochait de chez lui, plus sa peur était grande que quelque chose aurait pu se produire en son absence et finalement il s'envola sans problème lorsqu'il atteignit un terrain familier.

"Salut ! qui y va ?"

C'était un appel venu de près et cela fit sursauter Dave comme s'il était piqué par un serpent. Il se retourna et aperçut un homme derrière un arbre, un pistolet pointé à la main.

"Ne tirez pas!" » cria-t-il, car il croyait connaître la voix. "Est-ce vous, M. Risley ?"

"Oui. Dave Morris, n'est-ce pas ?"

"Oui." Dave a couru à la rencontre de l'Anglais. "Dites-moi vite, est-ce que tout va bien chez nous ?"

"Tout allait bien quand je suis parti, il y a environ une heure, mon garçon. Mais ton oncle avait parlé à Hans Lomann et lui avait dit que l'Allemand avait entendu parler d'un soulèvement indien."

À cela, Dave poussa un soupir de soulagement. Mais aussitôt son cœur se serra, à la pensée de la nouvelle qu'il devait annoncer à son ami.

"Les Indiens se soulèvent dans toute cette partie du pays. Ils ont attaqué votre cabane."

"Ma cabane !" L'Anglais pouvait à peine prononcer les mots. "Davy, est-ce la vérité ? Et qu'en est-il de ma femme, dis-le-moi vite !"

"Votre femme est saine et sauve, même si elle a reçu une flèche dans l'épaule. Les Peaux-Rouges ont attaqué la cabane et y ont mis le feu. Elle a sauté par la fenêtre arrière et s'est cachée dans la laiterie. Henry et moi sommes arrivés juste à temps pour emmenez-la dans les bois. Nous avons couru aussi loin que possible, puis elle s'est évanouie. Henry a dit qu'il resterait avec elle et m'a dit de venir donner l'alarme. Nous avions peur que les Indiens aient attaqué notre maison, même si nous ne l'avons pas fait. Je n'entendrai aucun coup de feu ni ne verrai aucun incendie.

"Alors la cabane est détruite ? Mais peu importe. Vous êtes sûr que la blessure n'a pas été mortelle ?"

"Bien sûr, car Henry l'a habillé du mieux qu'il a pu. Mais elle était très faible après avoir été si longtemps dans l'eau sous le sol de la laiterie."

"Et où sont-ils maintenant ?"

"À environ un mile ou plus d'ici, dans cette direction. Mais soyez prudent. Il y a des Indiens tout autour d'ici - une bande est là-bas en train de tenir un discours de guerre - et je suis sûr qu'ils ne vous montreront aucune pitié si ils t'attrapent."

L'Anglais hocha la tête une demi-douzaine de fois. "Je le sais, mon garçon, je le sais. Ils sont assoiffés de sang. Parfois, je regrette d'être venu dans ce pays pour m'installer parmi eux. Mais les temps étaient mauvais pour nous dans la vieille Angleterre, et nous devions faire quelque chose. Mais toi "Je vais m'emmener chez ma femme, n'est-ce pas, c'est un garçon courageux."

"Je—je ne sais pas", balbutia Dave. Il avait toujours hâte de rentrer chez lui. "Peut-être que tu pourras les trouver seul."

"Je ne suis pas à la hauteur, mon garçon. La forêt est presque autant de mystère pour moi que le jour où j'ai atterri ici. Viens, et nous pourrons tous rentrer chez toi le plus rapidement possible."

Le jeune chasseur voyait qu'Uriah Risley était profondément affligé et, ne voulant pas aggraver le malheur de l'homme, il consentit à repartir, même s'il savait que le chemin était semé de périls toujours croissants. Bientôt, ils furent en route et, fatigué comme il l'était, Dave imposait un rythme qui faisait souffler et souffler le colon pour le suivre.

CHAPITRE VI

LA DISPARITION D'HENRY

Il faut avouer que même s'il marchait vite, le cœur de Dave était tout sauf léger. Tournant le sujet comme il le pouvait, il le sentait « dans ses os », comme il le déclara plus tard, qu'un grand soulèvement était proche et que cela pourrait signifier l'élimination de tous les pionniers à des dizaines de kilomètres à la ronde.

"Les soldats du fort de Will's Creek et de Winchester devraient être au courant", observa-t-il à Uriah Risley . "Il faudra que quelqu'un porte la nouvelle."

"Peut-être que quelqu'un l'a déjà fait", fut la réponse de l'Anglais. Il poussa un soupir. " Ainsi la cabane est à terre. Hélas ! c'était un triste jour où j'ai poussé vers l'avant au lieu de prendre du terrain près de Winchester, comme le voulait la bonne ménagère. " Et il secoua tristement la tête.

En se dirigeant vers l'endroit où il avait laissé Henry et Mme Risley , Dave prit grand soin d'éviter les feux de camp des différents Indiens qu'il avait rencontrés. Ce n'était pas une tâche facile et, plus d'une fois, ils faillirent tomber sur un « nid de frelons », comme il l'appelait.

Un jour, Uriah Risley poussa un cri d'alarme et faillit décharger son arme à feu. Un loup s'était glissé sur leur chemin dans l'obscurité et l'Anglais avait pris la forme d'un Indien furtif.

"Un Peau-Rouge ! Il va nous scalper !" cria-t-il, et il était sur le point d'appuyer sur la gâchette lorsque Dave l'arrêta.

"Non ! non ! Ce n'est qu'un loup !" s'écria le jeune. "Ne gaspillez pas votre poudre et votre balle. De plus, un coup de feu réveillera tous les Indiens à un quart de mile à la ronde."

"Un loup ? Alors ça devait être le cas." Uriah Risley inspira longuement et baissa son mousquet. "Il m'a fait une bonne frayeur, je dois le jurer."

"Chut ! Ça ne sert à rien de parler si fort ", poursuivit le garçon. "Pour autant que nous sachions, les Indiens pourraient nous suivre et être prêts à se jeter sur nous à tout moment."

Ces mots incitèrent l'Anglais à se retourner avec appréhension et à se dépêcher plus vite que jamais. "C'est une forêt bestiale ", a-t-il déclaré. "J'aurais aimé que nous en soyons sortis."

"Nous sommes plus en sécurité ici que dans une clairière", fut la réponse. "Viens près de moi et reste tranquille, et je pense que nous serons en sécurité."

Ils continuèrent encore et encore. Les membres inférieurs de Dave lui faisaient mal et tremblaient sous lui, car il était maintenant presque épuisé et ce n'était que la volonté qui le maintenait éveillé. Lentement, ils gravirent la dernière colline. Au loin brillaient les braises mourantes d'un feu de camp.

"Il y a un nid de peaux-rouges", dit le jeune homme en s'arrêtant un instant. "Mais on dirait qu'ils ont déserté les lieux."

"Alors nous devrons être doublement prudents, mon garçon. Ils pourraient être dispersés dans les environs."

"Vous avez raison. Mais je n'espère pas, car nous sommes maintenant proches de l'endroit où j'ai laissé votre femme et Henry."

Avec davantage de prudence, Dave s'avança de quelques centaines de mètres. Puis il s'arrêta et regarda autour de lui avec perplexité.

"Qu'est-ce qu'il y a, mon garçon ?"

"Ils sont partis !"

"Disparu?"

"Oui, parti."

"Tu es certain que c'est l'endroit idéal ?"

"Je le suis. Je le sais bien, à cet arbre tombé et à ce rocher. Ils ont déménagé dans un autre quartier... ou bien..."

"Ou bien les Peaux-Rouges les ont attaqués et emportés", termina Uriah Risley . Il poussa un gémissement. "Oh, mon garçon, qu'est-ce qu'il y a de mieux à faire maintenant ? Dis-moi, car tu es mieux versé dans ce genre de choses que moi."

"Je... je ne sais pas quoi faire", balbutia le jeune chasseur, fixant d'abord l'homme impuissant devant lui, puis l'environnement sombre. "Attendez une minute et gardez vos mains sur votre arme. Mais ne tirez pas sur moi, sur Henry ou sur votre femme par erreur."

Laissant Risley au centre de la petite ouverture, Dave commença à marcher en formant un large cercle. Il le fit avec une extrême prudence, la tête penchée près du sol et les yeux notant chaque racine et chaque rocher qui recouvrait son chemin. Puis il fit un autre cercle, encore plus large, et revint enfin à l'endroit où se tenait son compagnon, image de misère et de désespoir.

"Je n'ai rien trouvé", dit-il en réponse aux questions de l'Anglais. "Ils sont partis et je ne crois pas qu'il y ait d'Indiens près de nous. Je vais allumer une lumière et prendre le risque."

Il sortit son silex et son amadou et eut bientôt une petite lumière qu'il appliqua sur quelques feuilles sèches puis sur un bâton de bois plein de poix de pin. Ce dernier fit une assez bonne torche, et la tenant près du sol, il continua ses recherches.

Soudain, il poussa un cri d'horreur. Il était arrivé à un endroit où le sol était déchiré par de nombreuses empreintes de pas. Tout près se trouvait un bouleau blanc et sur son écorce il y avait plusieurs taches d'un rouge foncé.

"Il y a eu une bagarre", dit-il alors qu'Uriah Risley se rapprochait. "Voyez comme ils se sont battus. Il y a du sang sur l'arbre et il y a un morceau de tissu arraché de la veste d'Henry - ou plutôt de la veste que je lui ai laissée." Dave eut un profond frisson. « Je… je me demande si Henry est mort ?

"Ma femme, ma pauvre, pauvre Caddy !" gémit Uriah Risley , et pendant un instant il se couvrit le visage de ses mains. "Oh, mon garçon, c'est monstrueux, monstrueux ! Que Dieu lui vienne en aide si elle est au pouvoir de tels sauvages !"

"Oui, le ciel les aide tous les deux", répondit Dave.

Torche à la main, le jeune homme suivit une piste sanglante à travers la forêt jusqu'à ce qu'elle se termine brusquement au bord d'un des nombreux ruisseaux des environs. Là, il s'arrêta et tandis que Risley le rejoignait, tous deux se regardèrent d'un air absent.

"Bien?" dit l'Anglais.

"Ils montaient ou descendaient le ruisseau", répondit Dave. "Mais de quelle manière, je ne peux pas le dire. Mais une chose est sûre : aucun d'eux n'a été tué."

"Comment sais-tu ça?"

"S'ils l'avaient été, nous aurions dû retrouver leurs corps. Les Indiens ne prendraient pas la peine de les emporter. Ils les scalperaient simplement et laisseraient tomber."

"Peut-être qu'ils ont jeté les—les corps à l'eau."

Dave secoua la tête. "Non, je suis presque certain qu'ils les ont emmenés comme prisonniers."

Il y eut une pause gênante et quelque chose comme une boule apparut dans la gorge de Dave. Si Henry était prisonnier et que les Indiens étaient sur le chemin de la guerre, cela ne pourrait signifier qu'une chose pour le jeune :

être brûlé vif ou une torture similaire. Le silence fut rompu par Uriah Risley
.

"C'est une honte brûlante, mon garçon, un scandale. Mais que pouvons-nous faire maintenant ?"

"Je ne sais que faire, à part rentrer chez moi et donner l'alarme. Cela ne servira à rien de rester ici. Les Indiens pourraient tomber sur nous, au nombre d'une demi-centaine, tout comme ils sont probablement tombés sur Henry et votre épouse."

"Mais... mais je ne peux pas abandonner ma pauvre femme, ma bien-aimée Caddy. Elle est tout pour moi. Je préférerais mourir moi-même plutôt que de voir un cheveu de sa tête blessé."

"Alors vous feriez mieux de continuer la chasse pendant que je rentre à la maison. Si vous tombez avec eux, dites à Henry où en sont les choses. Mais, M. Risley , permettez-moi de vous avertir de ne pas être téméraire si vous apercevez Mme. Risley entre les mains des Peaux-Rouges. Si vous leur donnez l'occasion, ils vous brûleront sur le bûcher – et cela ne l'aidera pas non plus.

"Je vais essayer d'être prudent, mon garçon. Je déteste que tu partes, mais je suppose qu'après tout c'est pour le mieux. Fais ce que tu peux pour sauver Mme Morris, la petite Nell et les autres. Laissez-moi le flambeau. Je Je vais parcourir un peu le cours d'eau et enquêter.

Une minute plus tard, ils s'étaient séparés, se serrant la main d'une manière qui signifiait beaucoup. Peut-être qu'ils ne se reverraient plus jamais dans ce monde. Dave se détourna et s'enfuit silencieusement, les yeux fixés droit devant lui et sa gorge se serrant convulsivement. Ah, combien les garçons d'aujourd'hui, vivant dans leurs maisons confortables et entourés de tout le luxe et de toutes les commodités, se rendent-ils peu compte de tout ce que leurs arrière-grands-pères d'alors ont dû endurer sous forme de privations et de périls !

Tellement fatigué qu'il pouvait à peine traîner un membre après l'autre, Dave poursuivit sa route à travers la forêt. Heureusement, sa « bosse de localité » était bien développée et il y avait peu de risque qu'il se perde complètement, même s'il s'égarait plus ou moins. Il recommençait à neiger, mais il faisait si chaud que les particules blanches fondaient dès qu'elles tombaient. On ne voyait aucune étoile nulle part et le chemin était plus noir que jamais.

Arrivant sur la première colline, le jeune homme se sentit obligé de se reposer et se jeta au pied d'un grand arbre, son fusil sur les genoux, prêt à s'en servir s'il était surpris. Une ou deux fois, ses yeux se fermèrent malgré ses efforts pour les garder ouverts. Mais il se redressait invariablement, déterminé à rester éveillé à tout prix.

"Je ne me reposerai pas tant que je ne serai pas sûr que tout le monde à la maison soit en sécurité", se dit-il. "Je dois m'entendre d'une manière ou d'une autre." Et il chancela et continua sa course.

Il n'avait pas franchi une tige lorsqu'il aperçut quelque chose de sombre avancer. L'objet ressemblait à deux Indiens venant lentement vers lui, et son cœur fit un bond dans sa gorge. Il leva son arme et la pointa.

Mais avant qu'on lui ait demandé de tirer, il aperçut l'objet plus distinctement et, poussant une sorte de cri de joie, il baissa son arme et se précipita en avant.

« Cognard ! » » jaillit de ses lèvres, et un instant plus tard, il saisit la crinière d'un des chevaux d'Uriah Risley , un animal qui avait échappé aux Indiens lorsque le hangar avait été incendié. "D'où viens-tu ? Quelle chance j'ai de te trouver !"

Le cheval sembla reconnaître Dave, car il poussa un hennissement sourd et frotta son nez froid sur la manche de la veste du jeune. Un licou cassé pendait à son cou, mais il ne possédait ni selle ni bride. Il était couvert d'une humidité froide, signe qu'il avait beaucoup couru après s'être échappé.

Après avoir trouvé le cheval, le moral de Dave revint un peu. Il conduisit l'animal en avant et se dirigea vers un nouvel itinéraire de retour, plus long que celui qu'il avait suivi, mais exempt de fourrés et d'embûches. Dès qu'il jugea qu'il était prudent de le faire, il sauta sur le dos de Widgeon, parla au cheval et se mit en route pour un jogging confortable, que plus tard, lorsque le terrain devint plus familier, il passa au galop.

Un jour, Dave crut entendre des Indiens les poursuivre et, se tenant d'une main à la crinière de Widgeon, il sortit son arme de l'autre. Mais les bruits s'éteignirent au loin, et après cela il n'y eut plus d'alarmes. Enfin , il arriva en vue de sa maison et constata avec joie qu'elle restait telle qu'il l'avait laissée, tranquille.

CHAPITRE VII

UN DOUBLE AVERTISSEMENT

Comme mes anciens lecteurs le savent, la cabane de la famille Morris était située dans une vaste clairière, entre un ruisseau de bonne taille et un ruisseau se jetant dans le ruisseau plus large. Quand nous l'avons vu auparavant, c'était un bâtiment long, bas mais confortable, contenant quatre pièces au rez-de-chaussée et un grenier sous le toit en pente qui servait principalement au stockage des provisions d'hiver.

Au cours de l'été dernier, M. Joseph Morris avait agrandi la cabane en construisant sur ce qui était la cuisine. Il s'agissait désormais d'une nouvelle cuisine tandis que l'ancienne cuisine était devenue le salon général. L'ancien salon, ainsi appelé, avait été divisé en deux chambres, de sorte que la maison était désormais suffisamment grande non seulement pour la famille ordinaire mais aussi pour les visiteurs occasionnels qui venaient par là.

La tombée de la nuit rendit tout le monde impatient du retour des deux jeunes chasseurs. Sentant que tous deux allaient avoir complètement faim, Mme Morris avait préparé un dîner copieux dont, après une heure d'attente, ceux qui se trouvaient dans la cabine avaient mangé leur part. Le reste mijotait maintenant dans la marmite et la bouilloire était suspendue au-dessus du grand feu ouvert, tandis que Mme Morris se déplaçait avec inquiétude, débarrassant la vaisselle sale et regardant de temps en temps par la porte dans la direction où elle pensait qu'ils devaient venir.

"C'est étrange ce qui les retient", dit-elle aux autres. "J'espère qu'ils n'ont pas eu d'ennuis."

"Peut-être ont-ils abattu plus de cerfs que prévu", répondit son mari, qui venait d'entrer avec un seau d'eau du puits. "Henry a dit qu'il était certain qu'il emporterait quelque chose - et il se trompe rarement quand il s'agit de gibier. Comme quoi, ils viendront avec tout ce qu'ils peuvent transporter."

"J'aimerais qu'ils apportent une autre peau d'ours à maman", dit la petite Nell. "Ne serait-il pas magnifique, s'il correspondait à celui que M. Washington a laissé à son cousin Dave ?"

"Non ! non ! Un ours pourrait leur faire du mal !" intervint précipitamment Mme Morris. "C'est une mauvaise période de l'année pour affronter de telles bêtes, c'est ce que j'ai entendu dire par Sam Barringford ."

"Vous laissez Henry et Dave tranquilles quand il s'agit de n'importe quel type de jeu", dit Rodney, assis dans son fauteuil près du feu rugissant. "Eh bien, le pire jeu auquel ils pourraient faire face ne serait pas à moitié aussi mauvais que celui des Indiens et des Français auxquels ils ont dû faire face lorsqu'ils sont allés à la guerre. Vous oubliez, maman, à quel point ils sont tous les deux magnifiques."

Mais la mère se détourna en secouant la tête, dubitative. Peut-être que son instinct lui disait quels graves problèmes couvaient. Elle regarda de nouveau par la porte et parla à son mari.

« Est-ce que James a dit quand il devrait revenir ?

"Il ne pouvait pas le dire, parce qu'il ne savait pas s'il pourrait terminer ses affaires tout de suite ou s'il devrait attendre pour voir certaines soirées. Comme quoi, il ne reviendra que demain, ou le jour même. " Après. Il savait qu'il n'était pas nécessaire de se dépêcher. Nous ne pouvons pas faire grand-chose à la ferme pour le moment. "

Comme même les bougies faites maison étaient assez rares, la famille se débrouillait sans autre lumière que celle fournie par le feu de la cheminée à grande bouche, dont l'éclat génial projetait des ombres fantastiques sur les murs. La petite Nell n'aimait pas particulièrement ces ombres et demanda donc la permission de monter sur les genoux de Rodney.

"Eh bien, bien sûr", dit l'infirme, et il la releva immédiatement. Puis elle a insisté pour qu'il raconte une histoire, "mais pas sur les ours, ni sur les loups, ni sur les Indiens, mais sur une fée, une princesse et un château plein d'or", et Rodney a fait de son mieux pour raconter l'histoire la plus merveilleuse qui lui soit venue à l'esprit. pourrait inventer. Mais bien avant que la bonne fée n'ait donné à la princesse un beau prince pour mari, et le château plein d'or par-dessus le marché, la petite Nell dormait profondément, de sorte que l'histoire ne fut jamais terminée.

À mesure que la nuit avançait, même M. Morris commença à montrer son inquiétude et, sans dire un mot, il descendit son fusil du dessus de la cheminée et sortit sa corne à poudre et son petit sac de balles artisanales.

"Vous les poursuivez ?" » a demandé Mme Morris.

"Je vais attendre encore un peu", répondit-il. "Mais je pensais que je serais prêt, au cas où quelque chose n'allait pas."

Après avoir couché la petite Nell, Mme Morris sortit son tricot et, pendant un certain temps, seul le clic-clic des aiguilles polies rompit le silence. Puis Rodney, qui était assis, le menton dans les mains, à regarder les bûches en feu, se réveilla.

"Je ne pense pas qu'il soit utile que je reste éveillé", a-t-il déclaré. "Mon dos ne se sent pas aussi bien qu'hier. Je vais me coucher," et il se dirigea vers la chambre qu'il occupait. C'était celui le plus proche de la cuisine, du côté sud, et il avait été donné à l'infirme car il faisait plus chaud en hiver que les autres.

Livrés à eux-mêmes, le temps semblait s'éterniser plus que jamais pour M. et Mme Morris. Toutes leurs pensées étaient centrées sur leur fils Henry et leur neveu David. Qu'est-ce qui pourrait bien retenir le couple ?

"Ils ont dû avoir un accident", dit longuement le pionnier. "Peut-être que l'un d'eux est tombé dans un trou et s'est cassé une jambe. Je sais qu'il y a plusieurs pièges désagréables à proximité de la pierre à lécher. Je suppose que je ferais mieux d'aller les chercher."

Joseph Morris fut bientôt prêt pour le voyage, promettant, qu'il les retrouve ou non, d'être de retour dans les deux heures. Il partit à cheval sur Fanny, la jument préférée de Dave, l'animal autrefois volé et heureusement retrouvé.

Livrée à elle-même, Mme Morris tricotait plus vite que jamais. Mais même les aiguilles volantes ne purent arrêter son anxiété, et plus d'une fois elle abandonna son ouvrage pour se diriger vers la porte et regarder sérieusement dans toutes les directions. Comme la puissante forêt paraissait sombre et solitaire. Quelque chose la faisait frissonner malgré elle. Elle écoutait attentivement.

Ca c'était quoi? Un son à grande distance. À mesure qu'il se rapprochait, elle distingua les battements de sabots d'un cheval au galop. Elle courut dans la cabane et, à la manière d'une véritable pionnière, s'arma d'un mousquet, prête à considérer tout nouveau venu comme un ennemi jusqu'à ce qu'il se révèle un ami. Rapidement, le cheval s'approcha et elle distingua maintenant un jeune homme qui pendait lourdement au cou de l'animal.

"Dave ! c'est toi ?"

"Oui, tante Lucy", fut la réponse. Le garçon monta à cheval et tomba lourdement au sol. « Êtes-vous tous en sécurité ?

" En sécurité ? Bien sûr que nous le sommes. Que s'est-il passé ? Où est Henry ? "

"Je ne sais pas où se trouve Henry pour le moment. Je l'ai laissé dans les bois, faisant ce qu'il pouvait pour Mme Risley . Les Indiens ont encerclé leur cabane et l'ont incendiée, et Mme Risley s'est enfuie vers la laiterie. Nous Je l'ai sauvée de sa cachette dans l'eau et je l'ai emmenée dans les bois. Ensuite, je suis parti pour la maison, mais j'ai rencontré M. Risley et j'ai dû le ramener là où j'avais laissé Henry et Mme Risley . Nous n'avons pas pu trouver ni l'un ni l'autre, et il semblait qu'ils s'étaient battus. M. Risley est resté pour enquêter et je suis rentré à la maison aussi vite que possible pour donner l'alarme. Les Indiens se soulèvent partout et vont massacrer tous ceux qu'ils peuvent tuer. la main à la pâte."

Tout en parlant, Dave entra dans la cuisine en titubant et se laissa tomber lourdement sur un banc.

" Pitié pour nous, Dave, tu ne le penses pas vraiment ! La cabane Risley a brûlé et les Indiens sur le chemin de la guerre ! Eh bien, nous allons tous être assassinés ! "

"Nous le serons à moins que nous prenions les moyens de nous défendre, tante Lucy. Où sont père et oncle Joe ?"

"Votre père est parti à Winchester et ne reviendra pas avant demain ou le lendemain. Votre oncle est parti il y a quelque temps pour vous chercher, vous et Henry. Les Indiens viennent-ils par ici ? Parlez-moi d'Henry."

Aussi inquiète qu'elle fût, la bonne femme voyait que son neveu était non seulement fatigué mais aussi affamé, et, tout en causant , elle s'affairait et lui préparait son repas au coin de la table le plus près du feu. Dave a dévoré son dîner en peu de temps, racontant tout ce qu'il avait à raconter en même temps. Il va sans dire que Mme Morris était très alarmée. Les conversations bruyantes des deux hommes ont réveillé Rodney, qui a appelé depuis la chambre pour savoir ce qui n'allait pas, et lorsqu'on l'a dit, l'infirme n'a pas perdu de temps pour s'habiller.

"S'ils viennent ici, nous devrons nous défendre du mieux que nous pouvons", a déclaré Rodney. "Je ne peux pas courir mais je peux tirer assez droit, et si maman veut charger pour nous , je suppose que nous pouvons leur donner de très bons clichés. Ce que nous voulons faire en premier, c'est fermer tous les volets et entrer. toute l'eau que nous pouvons - pour boire et éteindre les incendies. C'est une chance que mon père ait percé ces hublots dans le toit. Ce seront justement les endroits d'où faire tomber les Indiens.

"Mon garçon, tu ne peux pas le faire !" s'écria Mme Morris, de plus en plus alarmée. "Même si ton père revient, que peuvent faire trois contre une horde de peaux-rouges ? Ils incendieront la cabane et t'abattraront dès que tu seras chassé par les flammes."

"Eh bien, je ne crois pas qu'il faille laisser ces coquins s'emparer de notre cabane et de nos affaires", répondit Rodney obstinément. "Je ne suis qu'un infirme, mais je suis prêt à me battre jusqu'au bout. Si nous courons pour y arriver, combien pouvons-nous emporter ? Pas grand-chose, je peux vous le dire."

"Oui, mais nos vies nous sont plus précieuses que nos affaires ici", dit sa mère. " Et souvenez-vous de Nell, Rodney. Si elle tombait entre les mains des Indiens... " Mme Morris n'eut pas fini, mais sa poitrine se souleva et deux grosses larmes jaillirent de ses yeux et roulèrent sur ses joues.

"Eh bien, tu ne voudrais pas y aller avant que papa ne revienne, n'est-ce pas ?" » demanda Rodney après une pause.

« Il arrive maintenant – au moins j'entends quelqu'un à cheval ! s'écria Dave. "C'est peut-être un Indien", et il attrapa son fusil qu'il avait apporté et placé près de la porte.

Il sortit et Mme Morris et Rodney le suivirent, chacun avec une sorte d'arme à feu. Alors que le cavalier s'approchait, ils virent qu'il s'agissait bien d'un Indien. Mais les plumes blanches et l'allure générale du nouvel arrivant les rassurèrent bientôt.

"Buffle blanc!" a appelé Dave et a couru à la rencontre du chef indien qui était l'ami de la famille depuis tant d'années.

"Comment comment!" » répondit l'Indien et s'approcha directement de la porte de la cabine. "Où sont mon frère blanc Joseph et mon frère blanc James ?" » demanda-t-il anxieusement.

"Père est à Winchester", répondit Dave. "Oncle Joseph est parti il y a quelque temps à notre recherche, Henry et moi. Nous étions en train de chasser mais nous avons découvert que les Indiens se soulèvent. Tu es au courant, Buffle Blanc ?"

" Alors le garçon blanc est déjà au courant de la nouvelle ? " Le visage de White Buffalo s'affaissa un peu, car il avait espéré être le premier à apporter des nouvelles. "Oui, c'est vrai, ils ont déterré la hache de guerre et ont déjà assassiné de nombreuses personnes. Je suis venu vous aider et j'apporte un message du capitaine Tanner."

« Et votre tribu… rejoindra-t-elle ceux qui se soulèvent contre les Anglais ? » demanda Rodney.

Pendant un instant, White Buffalo baissa la tête sur sa poitrine. Puis, avec un effort, il se redressa. "Certains Delawares sont des imbéciles - ils n'écouteront pas White Buffalo mais écouteront Skunk Tail et boiront l'eau de feu que les Français leur donnent. Nous avons eu un pow-wow et certains iraient chez les Français et d'autres chez les Anglais. " A Big Tree, j'ai laissé dix-huit braves qui me suivront et se battront pour les Anglais. Les autres ont rejoint Skunk Tail et Fox Head des Miamis , et les tribus sous Rolling Thunder et Canshanran , et se battront pour eux-mêmes et pour les Français. Ils ne pensent ni au droit ni à l'honneur, mais brûleront, assassineront et voleront tout ce qu'ils pourront. Un jour noir et une nuit noire arrivent, et seul Celui qui dirige le Happy Hunting Ground peut le dire comment cela se terminera.

CHAPITRE VIII

DÉPART DE LA MAISON

Ce n'est que lorsque White Buffalo est apparu à la lumière de l'incendie de la cuisine qu'ils ont vu qu'il était blessé. Le sang coulait d'une flèche enfoncée dans l'épaule gauche. A cette vue, Mme Morris poussa un léger cri.

"Tu es blessé, Buffle Blanc ! Pourquoi ne l'as-tu pas dit avant ? Laisse-moi le panser pour toi."

"Pas de gros tas de mal", répondit l'Indien. "Seulement un petit coup l'a coupé." Néanmoins, il était assez content que la dame de la cabine le ligature, après quoi il dit que ça allait mieux.

White Buffalo n'avait pas grand-chose à ajouter à ce qui a déjà été raconté, si ce n'est qu'en venant à la cabane pour donner un avertissement, il s'était heurté à des Indiens rivaux, dont trois avaient cherché à l'arrêter. Un combat au corps à corps s'en était suivi et White Buffalo avait envoyé un homme à terre d'un coup de son tomahawk et avait chevauché pendant une seconde de telle manière que l'ennemi n'avait plus bougé par la suite. La blessure par flèche avait été reçue auparavant, mais le chef ne s'en était rendu compte que quelque temps plus tard.

La conversation continue avait réveillé la petite Nell et maintenant elle sortait en courant de la chambre dans sa robe blanche, suppliant de savoir ce qui se passait. Elle a poussé un cri lorsqu'elle a vu l'Indien, mais s'est rapidement rétablie lorsqu'elle a reconnu White Buffalo.

"Je pensais que c'était un des mauvais Indiens", dit-elle avec sa simplicité. "Je n'ai pas peur de toi, White Buffalo, n'est-ce pas ?"

"White Buffalo n'est pas content", répondit le chef en lui prenant la main. "White Buffalo ne ferait pas de mal à un seul cheveu de la tête de la petite Nell", et il caressa affectueusement le haut bouclé.

"Vous avez dit que vous transportiez un message", intervint soudainement Rodney. "Où est-il?"

Parmi ses plumes, White Buffalo sortit une seule feuille de papier. Il était recouvert d'un gribouillage hâtif, libellé comme suit :

> " AMI MORRIS : Les Indiens se soulèvent. Je pense qu'il est
> préférable que tous les colons des environs se rassemblent
> à Fort Lawrence pour des raisons de sécurité. J'enverrai des
> messagers partout où je peux. La cabane de Garwell est en

cendres et lui-même a été assassiné et Mme Garwell a été enlevée, et il On dit que la cabane de Risley brûle également.

" JOHN SMITH TANNEUR. "

"Le capitaine Tanner veut que nous nous rassemblions à Fort Lawrence pour des raisons de sécurité", a déclaré Dave après avoir écouté la lecture de son cousin. "Je crois, tante Lucy, qu'il a raison. Le soulèvement est si répandu qu'il serait imprudent de rester ici. Nous pourrions..."

Le jeune homme s'interrompit et courut vers la porte. Mais White Buffalo était devant lui. Tous deux avaient entendu l'approche d'un cheval. C'était Joseph Morris qui revenait, et il était seul.

"Dieu merci, tu es en sécurité!" s'écria le pionnier en sautant à terre et en entrant dans la cabane. " J'avais peur que vous soyez tous assassinés. Alors Dave est là. Où est Henry ? "

"Parti", répondit Dave. "Vous n'avez rien vu de lui, ni de Mme Risley ou de son mari ?"

"Je ne l'ai pas fait. Mais j'ai vu des Indiens, des centaines. Ils sont sur le chemin de la guerre. Nous devons sortir d'ici. Il n'y a pas un instant à perdre."

"Oh, père !" Le cri venait de Mme Morris et elle se serrait contre son mari, tandis que la petite Nell éclatait en sanglots sauvages. « Devrions-nous tout quitter, tout ? »

"Tout sauf ce que nous pouvons facilement transporter à cheval, Lucy. Je pense que les Peaux-Rouges seront là dans unc heure."

Seuls quelques mots encore précipités furent passés, et Joseph Morris jeta un coup d'œil au message que White Buffalo avait apporté. L'Indien avait l'air très grave.

« Mon frère blanc Joseph ira à Fort Lawrence ? » il a interrogé.

"Oui. Je ne vois pas d'autre moyen. Je préférerais aller au fort de Will's Creek, mais les Indiens parcourent déjà cette piste. Vous resterez avec nous, White Buffalo, n'est-ce pas ?"

"A la mort."

Le pionnier serra chaleureusement la main du chef. « Je savais que je pouvais compter sur toi. Où sont les courageux sous tes ordres ?

"À deux miles d'ici, au Grand Arbre. Dites où je vous retrouverai et si White Buffalo peut le faire. cela doit être fait."

"Nous irons à Fort Lawrence par le chemin du ruisseau, après l'endroit où vous et moi avons abattu l'ourse et ses deux oursons il y a deux hivers.

Retrouvez-moi sur ce sentier. Dépêchez-vous, car nous pourrions avoir cruellement besoin de vous."

Sans un mot, White Buffalo s'élança hors de la cabane et un instant plus tard, ils l'entendirent s'éloigner à la meilleure vitesse que son cheval pouvait atteindre.

Il y avait maintenant une grande confusion dans la cabine. Sachant qu'elle devait vraiment partir, Mme Morris se mit au travail pour rassembler ses objets les plus précieux en plusieurs paquets qui pourraient être transportés à cheval. Du mieux qu'il le pouvait, Rodney l'aida, et la petite Nell lui prit également la main, destinée à sauver les quelques jouets précieux qu'elle possédait, dont la poupée White Buffalo qui lui avait confectionnée. Le cœur de cette bonne femme se serra cruellement lorsqu'elle comprit combien peu de choses pouvaient être transportées et combien de tout ce qui lui était cher devait être laissé derrière soi pour que les Indiens les brûlent ou les pillent.

Pendant que cela se passait dans la cabane, Dave a couru vers la dépendance où il a amené les différents chevaux, les a sellés et bridés. Puis il a laissé sortir le bétail , envoyant les vaches dans la forêt, pour qu'elles se débrouillent seules. Il voulait emmener les vaches avec lui, mais son oncle doutait d'avoir le temps.

Pendant que les autres travaillaient, Joseph Morris examinait toutes les armes à feu et les préparait à être utilisées. Puis il fit le tour de la clairière pour savoir si le sentier dont il avait parlé à White Buffalo pouvait encore être emprunté.

"Viens, il faut y aller !" s'écria-t-il tout à l'heure. "Écoutez, n'entendez-vous pas les cris de guerre lointains ? Les Indiens avancent. Si nous attendons encore cinq minutes, nous risquons d'être perdus !"

De la cabane sont sortis Mme Morris, Rodney et la petite Nell, portant les nombreux paquets qu'ils avaient confectionnés. La petite Nell pleurait pitoyablement et les larmes silencieuses coulaient sur les joues de Mme Morris.

Heureusement, il y avait des chevaux pour tous, avec un animal supplémentaire pour certains paquets. Ces derniers furent ajustés et fixés à la hâte.

"Maintenant, Dave, montrez le chemin", a déclaré Joseph Morris. "Je vais arranger les choses pour que les Peaux-Rouges puissent être trompés lorsqu'ils arriveront."

"Très bien, oncle Joe. Mais ne reste pas trop longtemps", fut la réponse du garçon.

À califourchon sur sa jument préférée Fanny, Dave a dirigé la procession silencieuse à travers la clairière et dans les bois. Aussitôt que possible, il se dirigea vers le ruisseau, afin que leur trace soit cachée par l'eau. Il connaissait bien ce chemin, donc il n'y avait aucune hésitation. Derrière lui venaient Mme Morris et la petite Nell, et Rodney fermait la marche, avec le cheval supplémentaire. Chacun portait tout ce qui était possible, mais les jeunes avaient leurs paquets attachés, afin d'avoir les mains libres pour leurs fusils, s'ils souhaitaient utiliser ces armes.

Livré à lui-même, Joseph Morris ferma les volets de la cabane et éteignit le feu avec de la cendre. Puis il courut au grenier, ouvrit un des hublots du toit et y plaça le canon brillant d'un vieux mousquet qui avait depuis longtemps connu ses plus beaux jours. Derrière le mousquet, il plaça un oreiller debout et dessus un vieux chapeau.

Lorsqu'il quitta la cabine et s'éloigna, il jeta un coup d'œil à son mannequin et un sourire illumina son visage bronzé. De loin, cela ressemblait exactement à quelqu'un qui montait la garde.

"De toute façon, cela les trompera pendant un moment ", fut son commentaire mental. "Et même un peu de temps vaut mieux que rien", et il partit rapidement après les autres.

Il fut bientôt avec eux, car à cause des paquets et de l'état de Rodney, ils ne pouvaient pas faire autant de progrès qu'ils le souhaitaient. Fort Lawrence se trouvait à douze bons milles de là et, même s'il était souhaitable d'atteindre cet endroit avant l'aube, il était douteux qu'ils puissent parcourir la distance.

"Si nous ne pouvons pas atteindre le fort à cinq heures, nous ferions mieux de rester dans les bois jusqu'à ce que la nuit revienne", a déclaré M. Morris. "Parce que d'ici le matin, le fort sera très probablement encerclé, même si les Peaux-Rouges restent cachés."

"Je me demande ce que fera mon père", dit Dave.

"Oh, il en saura assez pour prendre soin de lui-même, Dave. N'oubliez pas qu'il est le meilleur pionnier de toute la famille."

"Oui, oncle Joe, c'est vrai, mais s'il pense que nous sommes au chalet et en danger, il pourrait faire quelque chose d'irréfléchi en essayant de nous sauver."

"Dès que vous serez en sécurité au fort , je verrai ce qui peut être fait, non seulement pour lui mais aussi pour Henry et les Risley . Je crains qu'Henry n'ait eu de sérieux ennuis. Peut-être qu'il est mort," et Joseph Morris secoua la main. tête tristement.

Faisant le moins de bruit possible, ils avancèrent jusqu'au point où White Buffalo avait promis de les rencontrer avec ses braves. Trop fatiguée pour rester éveillée, la petite Nell s'était endormie dans les bras de sa mère, mais les autres étaient bien éveillés.

Bientôt, un coup de feu lointain leur frappa les oreilles. Un autre a suivi, puis sont venus des cris et des cris sauvages qui ont continué pendant dix minutes ou plus. Quand cela a commencé, Joseph Morris a ordonné l'arrêt, mais a rapidement dit aux autres de repartir.

"Ils ont attaqué la cabane", dit-il tristement. "Ces tirs visaient probablement le mannequin que j'avais installé. Ils seront terriblement furieux à cause de cette ruse et feront sans doute de leur mieux pour nous suivre. Nous ne devons pas perdre de temps en chemin."

"Ne sauront-ils pas que nous sommes à destination de Fort Lawrence et n'essaieront-ils pas de nous faire fuir ?" » questionna Rodney.

"On ne peut pas le dire, mon fils. Nous devons nous fier à la chance et à notre habileté pour leur échapper."

Peu de temps après, une lueur rouge apparut dans le ciel, dans la direction où se trouvait la cabane. Tout le monde savait ce que cela signifiait mais personne ne disait un mot, de peur de s'effondrer. Mais Joseph Morris serra les dents d'une manière qui ne montrait que trop clairement ce qui se passait dans son esprit. S'il en avait l'occasion, il ferait payer cher aux Indiens la destruction de sa propriété.

Soudain, Dave a levé les rênes et a levé son arme, visant une silhouette debout sous un arbre devant lui. Mais la silhouette leva un bras et l'agita familièrement et le pistolet tomba sur le côté du garçon. White Buffalo les attendait avec onze de ses meilleurs guerriers. Les autres membres de la tribu avaient déserté vers l'ennemi.

"Mes amis blancs ont mis du temps à venir", a déclaré le chef. "Ils ont perdu un temps précieux. L'ennemi est de tous côtés. Ce ne sera pas une tâche facile pour White Buffalo de conduire ses amis au fort."

"Nous avons fait autant de hâte que possible", a déclaré Rodney. La course difficile commençait à se faire sentir et il était presque prêt à sauter de la selle par pure faiblesse.

Quelques mots supplémentaires suivirent, et la piste à travers la forêt reprit, certains Indiens avançant en avant et d'autres, y compris White Buffalo, fermant la marche, pour retenir l'avancée de tous ceux qui pourraient les suivre depuis la cabane en feu.

Ils étaient encore à deux milles du fort lorsque certains des Indiens du front lancèrent un signal d'avertissement. Mais ce n'était pas nécessaire car une minute plus tard, ils rencontrèrent un voisin également en route vers le fort. Ce voisin avait avec lui ses deux fils, ses deux filles et sa femme malade, qu'ils portaient sur une civière.

"Pas encore d'Indiens par ici", a déclaré le voisin, dont le nom était Larkwell . "Mais ils arrivent aussi vite qu'ils peuvent. Nous ne pouvons pas nous rendre au fort trop tôt."

CHAPITRE IX

RASSEMBLEMENT AU FORT LAWRENCE

Fort Lawrence n'avait guère plus qu'un fort de nom. C'était un endroit choisi par les Morris et d'autres personnes vivant dans un rayon de un à vingt-deux milles, où ils pouvaient se rassembler pour des raisons de sécurité à tout moment lorsque la route vers Will's Creek ou Winchester devait être coupée.

Le fort était situé à l'endroit où deux petits ruisseaux se rejoignaient. Ici, les broussailles et les arbres avaient été coupés sur une distance d'un peu plus d'un acre. Quelques arbres, disposés en demi-cercle d'un ruisseau à l'autre, avaient été laissés debout, et entre eux une grossière palissade de rondins de dix à douze pieds de haut et pointue au sommet. Le long des deux cours d'eau se trouvaient une série de rochers bruts, sur lesquels d'autres rochers avaient été placés, formant une barrière presque aussi haute que celle en bois d'en face. Dans la palissade en bois et parmi les rochers, des hublots ont été placés, afin que ceux qui se trouvaient à l'intérieur puissent contrôler toutes les avenues d'approche avec leurs armes à feu. Dans l'ensemble, il y avait une porte d'entrée grossière, mais jusqu'à présent aucune porte plus éloignée que de lourdes broussailles empilées à proximité, des broussailles épineuses, que tous les Indiens méprisaient.

Jusqu'à présent, six familles s'étaient rassemblées au fort, composées de huit hommes et sept femmes, avec quinze enfants de tous âges, depuis des garçons et des filles de la taille de Dave jusqu'à un enfant dans les bras. Ces pionniers avaient apporté avec eux tous les biens terrestres qu'eux ou leurs bêtes de somme pouvaient transporter, et ces biens étaient maintenant entassés en hauteur au centre de la palissade, là où il y avait une sorte de creux parmi les rochers. Au fond de ce tas se trouvait un deuxième creux, grossièrement couvert de branches d'arbres, et ici les femmes et les plus petits enfants se rassemblaient, les plus petits dormant profondément ou criant de façon stridente pour le confort auquel ils étaient habitués.

Parmi les hommes se trouvait le capitaine John Smith Tanner, un Virginien, de sang mêlé d'anglais et d'allemand. Le capitaine Tanner avait combattu sous Washington lors de la défaite de Braddock et avait également fait du bon travail lors de plusieurs soulèvements indiens, ce qui lui avait valu le titre militaire, qui n'appartenait cependant pas aux troupes du roi mais à la milice locale. Le capitaine était un véritable paysan de l'arrière-pays, un célibataire et un homme apprécié de presque tous ceux qui le connaissaient.

Comme nous le savons, c'était le capitaine Tanner qui avait envoyé la note à la maison de Joseph Morris près de White Buffalo, et maintenant lui et plusieurs autres colons attendaient avec impatience l'apparition non seulement de ces amis, mais de cinq autres pionniers, dont Uriah Risley . . Huit hommes pour défendre à la fois la palissade et les rochers n'étaient pas nombreux, et le capitaine sentait que si l'ennemi apparaissait en force, la situation aboutirait rapidement à une crise avec les Blancs.

" Un copain J'arrive !" cria alors l'un des observateurs. "Un Indien !"

"Peux-tu le distinguer ?" interrogea le capitaine, mais avant que la question ne soit complètement terminée, l'observateur continua :

"C'est White Buffalo et quelques Blancs avec lui."

Un instant plus tard, les Morris et les Larkwell apparurent, et la brosse épineuse fut écartée pour leur permettre d'entrer dans l'enceinte. Le groupe arriva un par un, Joseph Morris étant le dernier à entrer. Rodney était si fatigué et épuisé qu'il ne pouvait plus se tenir debout et Dave l'a conduit jusqu'à un siège sur une souche d'arbre, puis a aidé sa tante et la petite Nell à descendre.

"Oh, chérie ! Où sommes-nous ?" s'écria la petite fille qui venait de se réveiller. "Je pensais que j'étais chez moi, au lit !"

"Tu es en sécurité avec maman, ma chérie", répondit Mme Morris en la serrant fort dans ses bras. "Nous sommes venus au fort pour échapper aux méchants Indiens."

"Et je dormais tout le temps ? Comme c'est drôle !" La petite Nell regardait autour d'elle. "Oh, il y a Mary Lee et Martha Brownley !" elle a éjaculé. « J'aurai de la compagnie, n'est-ce pas ?

"Oui", répondit sa mère, et ils rejoignirent leurs voisins, si l'on pouvait appeler ainsi ceux qui vivent à des kilomètres de là.

La femme sur la litière s'occupait de tous les « hommes », dont plusieurs qui n'étaient guère plus que des garçons, se rassemblèrent pour élaborer un plan d'action et décider de ce qui devait être fait de White Buffalo et de ses guerriers. Le chef indien était prêt à les aider autant qu'il était en son pouvoir, mais ne souhaitait pas entrer dans la palissade, préférant se battre à l'abri de la forêt au-delà.

"C'est la voie de l'homme rouge ", a déclaré White Buffalo, "tout comme c'est la voie du chat sauvage de combattre dans l'obscurité. White Buffalo peut faire plus de l'extérieur que de l'intérieur du fort."

"Je pense que vous avez raison, Injun", répondit le capitaine Tanner. "Mais maintenant que vous nous avez transmis un message, j'aimerais plutôt que vous en portiez un autre."

"White Buffalo fera ce qu'il y a de mieux pour ses frères blancs."

"J'aimerais envoyer un mot à Winchester, au Colonel Washington, pour lui faire savoir comment nous sommes installés ici." Le capitaine se tourna vers ceux qui l'entouraient. "N'est-ce pas un bon plan ?"

« C'est vrai », dit l'un d'eux, « mais ces Indiens peuvent nous apporter beaucoup d' aide, si l'ennemi vient sur nous en grand nombre. Ils ne devraient pas tous partir.

L'affaire fut discutée, et finalement il fut décidé de laisser White Buffalo partir pour Winchester avec deux de ses braves, laissant les autres hommes rouges se disperser dans les bois et donner l'alarme à l'approche de l'ennemi. Une lettre fut écrite à la hâte à Washington, et White Buffalo partit juste au moment où les premières lueurs de l'aube commençaient à apparaître à l'est.

Heureusement pour les personnes présentes, certains des pionniers avaient emporté avec eux d'importantes réserves de provisions, de sorte que personne n'aurait besoin d'avoir faim pendant longtemps, si les Indiens les assiégeaient. L'eau pouvait également être disponible en abondance, ce qui était souhaitable à la fois pour la consommation et en cas d'incendie.

Avec l'arrivée du jour, les habitants du fort respiraient plus librement, car ils savaient que même si l'ennemi arrivait, il était peu probable qu'ils lancent une attaque avant que l'obscurité ne s'installe à nouveau. Entre- temps , le travail de renforcement des défenses se poursuivait régulièrement, un ouvrier ne s'arrêtant que lorsqu'il jugeait nécessaire de s'allonger pour dormir quelques heures.

Les Indiens étaient sortis, les broussailles épineuses s'étaient accumulées haut dans la porte, et pour le moment, les pionniers ne semblaient rien avoir d'autre à faire que de s'asseoir et d'attendre les développements. Plusieurs feux de camp brûlaient et un repas du matin était préparé dessus, auquel tous les invalides, sauf un ou deux, rendaient amplement justice. L'assemblée se divisa en une demi-douzaine de groupes, chacun parlant à voix basse des perspectives.

Les Morris étaient principalement préoccupés par le sort d'Henry. Lorsqu'elle pensait à son fils peut-être assassiné et scalpé, des larmes amères d'angoisse coulaient sur les joues de Mme Morris, et le peu que les autres pouvaient faire pour lui remonter le moral ne servait à rien.

"D'après ce que Dave dit, il doit y avoir eu un combat acharné", gémit-elle. « Et il est plus que probable que notre pauvre cher Henry ait eu le pire. Nous ne reverrons plus jamais ce brave garçon ! Et ses larmes jaillirent de nouveau.

"Je partirais à sa recherche, mais je sais que ce serait presque inutile", répondit son mari. "En plus, dans un moment comme celui-ci, je sens que ma place est à tes côtés, et avec Nell, Rodney et Dave." Et elle devait admettre que c'était vrai.

Lentement, la matinée avançait. Il avait cessé de neiger et aucun bruit ne troublait le silence, hormis le doux murmure des ruisseaux qui se rencontraient entre les rochers et les chants des oiseaux dans la forêt. Pas un souffle d'air ne bougeait, et tandis que Dave grimpait dans l'un des arbres de la palissade pour examiner la situation, il semblait qu'aucun Indien ne se trouvait à des kilomètres d'eux. Mais il savait que cela était faux, puisque les guerriers de White Buffalo ne pouvaient pas être loin et que l'ennemi se frayait sûrement un chemin dans cette direction.

"J'imagine que c'est le calme avant la tempête", dit-il à Rodney, qui après avoir eu plusieurs heures de repos se sentait beaucoup plus fort. "Nous l'attraperons encore pire quand cela arrivera."

"Si seulement je n'étais pas infirme", soupira Rodney. "Je me battrais aussi fort que n'importe lequel d' entre eux ."

"Je n'en doute pas, Rodney. Eh bien, le moment venu, vous aurez peut-être votre part du tir, comme chacun d'entre nous. Vous pouvez regarder depuis un hublot, même si vous devez vous asseoir pour regarder." il."

"Oui, j'ai déjà dit au capitaine Tanner que je voulais un de ces endroits à North Brook ce soir. Je n'ai pas l'intention de vous laisser faire le travail pendant que je vais dormir. Les femmes et les enfants sont les les seuls à y aller doucement.

"Même les femmes auront les bras chargés - chargés pour nous - lorsque la véritable attaque commencera. Ce sont les dix premières minutes qui comptent. C'était ainsi lorsque les Indiens ont attaqué le poste de traite de mon père. Si nous n'avions pas dit cela... "Ils étaient chauds dès la première minute, nous ne les aurions jamais battus ."

Au milieu de l'après-midi, tout ce qui pouvait être fait était terminé, et alors le capitaine Tanner insista pour que la majorité des hommes et des garçons se couchent pour se reposer.

"Vous ne dormirez pas cette nuit, alors profitez au maximum de votre temps maintenant", furent ses mots. Puis il grimpa sur l'arbre le plus haut des environs pour jeter un long et attentif regard autour de lui. Mais cette enquête n'a rien apporté de nouveau.

C'était juste le coucher du soleil lorsque la première alarme retentit. Un Indien portant une plume blanche fut vu se faufiler jusqu'à la palissade. Voyant qu'il s'agissait d'un des partisans de White Buffalo, le capitaine envoya Joseph Morris pour l'interroger.

"Les Indiens qui se rangent du côté des Français arrivent", annonça le guerrier. "Ils viennent par le sentier que nous avons parcouru et par le sentier qui se trouve là-bas", pointant du doigt. "Ils sont répartis en quatre bandes, et Grey Tail a entendu dire qu'ils frapperaient cette nuit lorsque l'obscurité couvrira le pays."

C'était tout ce que l'Indien pouvait dire, mais c'était suffisant, et Joseph Morris revint en courant pour informer le capitaine Tanner et les autres. Ceux qui dormaient furent réveillés et chaque homme et chaque garçon fut assigné à son lieu de service.

Comme il l'avait souhaité, Rodney fut placé près d'un des ruisseaux. Le père du jeune homme était posté à une certaine distance au-dessus de lui et Dave à égale distance en dessous. À côté de Dave se trouvait un pionnier nommé Ike Lee, et les autres suivirent, bouclant le cercle du fort. Alors tous attendirent avec anxiété le premier signe de l'avancée de l'ennemi, chacun les yeux tendus au maximum et le doigt sur la détente de son arme à feu.

CHAPITRE X

COMMENT HENRY S'EN EST RÉSULTÉ

Revenons maintenant à Henry Morris et découvrons ce qui est arrivé au jeune chasseur et à Mme Risley immédiatement après le départ de Dave du lieu de repos dans la forêt.

Comme nous le savons, la femme fatiguée s'était évanouie d'épuisement, et pendant dix bonnes minutes, Henry fit tout ce qu'il pouvait pour la ramener à conscience. Il lui frotta vigoureusement les mains et les poignets, lui éventa le visage avec sa casquette, et eut enfin la satisfaction de la voir ouvrir les yeux.

"Oh!" murmura-t-elle. "Je—je—que s'est-il passé ? Est-ce que je—je suis tombé ?"

"Je pense que vous vous êtes évanoui", répondit gentiment le jeune chasseur. "La marche était trop dure pour toi."

"Oui, je sentais que je ne pouvais pas faire un pas de plus, Henry. Je vois que nous sommes toujours dans les bois. Les Indiens sont-ils proches ?"

"Je ne pense pas qu'ils le soient – du moins, nous n'avons rien vu d'eux."

"Où est Dave?"

"Il est allé de l'avant pour voir si tout va bien chez lui et si c'est pour apporter du secours."

— Je donnerais tout ce que je possède pour être dans votre cabane, dit la pauvre femme en soupirant. Elle essaya de se relever, puis retomba lourdement. « Je… je… ne vois pas comment je vais marcher.

"Vous feriez mieux de vous reposer un peu plus longtemps, Mme Risley . Rien ne presse vraiment. Cela pourrait nous valoir d'aller lentement, avec tant de peaux rouges qui rôdent. Ils peuvent être..."

Henry s'interrompit et, croyant que sa compagne allait parler, lui plaqua la main sur la bouche. Dans le silence de la forêt , il avait perçu des bruits qui ne pouvaient signifier qu'une chose : l'approche de plusieurs hommes. Un instant plus tard, il aperçut une lumière vacillante qui approchait.

"Il faut se cacher !" murmura-t-il à l'oreille de Mme Risley . "Viens, il n'y a pas une seconde à perdre !"

"Mais où irons-nous ?" » haletait-elle, son cœur bondissant dans sa gorge. "Je ne peux pas courir un pas, ça me tuerait !"

Le jeune chasseur regarda autour de lui avec perplexité. Il y avait des broussailles à leur droite, poussant parmi des rochers pointus. Il attrapa la main de sa compagne et faillit l'entraîner dans cette direction. Sur les rochers, le pied de Mme Risley glissa et elle poussa un cri de douleur.

"Ma cheville, je l'ai gravement tordue !"

"Chut ! ils entendront !" » répondit-il, et voyant qu'elle ne pouvait aller plus loin, il la saisit dans ses bras de jeunesse et la porta en avant. Au milieu d'un bosquet de buissons, il la déposa et se jeta à plat près d'elle, en tenant en même temps quelques broussailles au-dessus d'eux.

À ce moment-là, la lueur s'était rapprochée. C'était une torche tenue dans les mains d'un grand Indien, qui suivait avec beaucoup de soin la trace des blancs. L'Indien avait avec lui six compagnons, tous armés soit de fusils, soit d'arcs et de flèches, et chacun hideux dans ses peintures de guerre.

Osant à peine respirer, Henry attendait leur approche rapprochée, sa main gauche tenant les buissons et sa droite sur son arme. Bientôt, les guerriers arrivèrent à l'endroit où Mme Risley s'était évanouie. Ici, ils s'arrêtèrent et commencèrent à parler à voix basse.

Ce fut un moment d'angoisse intense, et il faut avouer que le cœur d'Henry s'arrêta presque de battre. Le guerrier avec la torche tenait la lumière en l'air, et tous les membres du groupe regardaient autour de eux avec des yeux aussi perçants que ceux de certaines bêtes sauvages.

Le guerrier avec la torche tenait la lumière en l'air.

Un instant plus tard, quelque chose se produisit qui changea la table de la fortune. Incapable de supporter la douleur de sa cheville tordue, Mme Risley inspira une respiration aiguë et rauque dont le son parvint aux oreilles de l'un des Indiens. Instantanément, il se dirigea vers cette direction et parla au guerrier avec la torche. Trois membres de la bande s'avancèrent à pas rapides et avec des flèches pointées. Un cri déchira l'air, annonçant que ceux qui se cachaient avaient été découverts.

Voyant qu'il était inutile de rester prosterné, Henry bondit. Une flèche siffla sur son épaule et l'aurait touché en pleine poitrine s'il n'avait pas bondi de côté.

Lui aussi s'enfuit et vit le premier Indien tomber, touché à la poitrine, une blessure grave, sinon mortelle. Puis il remit Mme Risley sur ses pieds.

"Courir!" il pleure. "Courez ! C'est votre seule chance. Cachez-vous dans les bois !"

Elle boitait, mais avant qu'elle ait fait une douzaine de pas, deux des guerriers la poursuivaient et elle fut faite prisonnière. Pendant ce temps , Henry se retira dans un bosquet de bouleaux et y prit position contre les Indiens restants.

La lutte, qui ne dura que quelques minutes, fut inégale. Une autre flèche a été tirée et elle a effleuré sa main gauche, faisant couler le sang librement et provoquant les taches découvertes par la suite par Dave. Puis l'un des hommes rouges est arrivé derrière les arbres et, en tendant la main, il l'a frappé avec le côté plat d'un tomahawk. Henry essaya de se retourner et de lutter contre son agresseur, mais soudain, ses sens le quittèrent et il n'en savait plus.

"C'est un membre de la famille Morris", dit l'Indien au flambeau, dans sa langue maternelle. Il a fait un examen. "Il n'est pas mort."

"Une bonne capture", a déclaré un autre. "Nous devons l'emmener. Gonawak , tu dois aider à le porter."

"Et qu'en est-il de la femme ?" » demanda le guerrier appelé Gonawak , bien connu dans tout ce territoire pour son extrême cruauté.

"Talking Deer prendra soin d'elle", fut la réponse. "Il doit s'occuper d'eux tous jusqu'à la fin de ce raid."

Mais on n'en dit pas plus et, en quelques minutes, la forme inconsciente du jeune chasseur fut ramassée et transportée à travers la forêt en direction du ruisseau le plus proche. Comme nous l'avons dit, l'eau ne laisse aucune trace et c'est pour cette raison que les hommes rouges utilisèrent instinctivement le ruisseau peu profond comme route.

Quand Henry reprit ses esprits , il se retrouva attaché au dos d'un cheval et se déplaçait lentement vers l'ouest à travers la forêt. La blessure à sa main avait pu se vider de son sang. Il se sentait à la fois faible et raide et avait une douleur sourde à la tête, là où le tomahawk avait atterri et soulevé une boule de bonne taille.

Grâce à une flamme sur le cou de l'animal, Henry reconnut le cheval qu'il montait comme celui appartenant à un pionnier vivant dans les environs. Il était en compagnie de neuf hommes rouges , dont quatre montés sur des chevaux volés. Il en déduisit que la cabane Risley n'était pas la seule à avoir été attaquée au cours de cette nuit fatale.

Il regarda autour de lui, mais ne vit rien de Mme Risley ni d'aucun autre captif. Il était seul avec les guerriers sauvages, et on ne savait pas ce qu'ils comptaient faire de lui. Mais il avait de bonnes raisons de croire qu'un sort horrible lui était réservé.

"Je dois m'enfuir si je peux", pensa-t-il. "Ils ne peuvent rien faire d'autre que de me tirer dessus si j'essaie de m'enfuir, et même cela vaudra mieux que d'être brûlé vif."

Les Indiens remarquèrent alors qu'il avait repris connaissance, et l'un d'eux s'approcha et dit sèchement :

« Le garçon chasseur blanc doit rester immobile. Si le cri le frappe ! Et il brandit son tomahawk d'un air menaçant.

"Où m'emmenez-vous?" demanda Henri. Mais l'Indien ne répondit pas et lui dit seulement de se taire.

Le matin commençait à se lever lorsque la petite bande s'arrêta au bord d'un large ruisseau où se trouvait une série de rapides parmi les rochers. Henry a été libéré et a reçu l'ordre de descendre de cheval. Il a ensuite été conduit jusqu'à un arbre voisin et attaché une fois de plus.

"Veux-tu me donner à boire ?" » demanda-t-il à l'un des Indiens, mais pour répondre, l' homme rouge le frappa violemment sur la bouche et lui dit de se taire.

Souffrant beaucoup de soif et de la blessure à la main gauche, qui commençait maintenant à enfler, Henry observa les Indiens préparer un repas tôt le matin, car la lumière de l'aube pointait maintenant à l'est. On alluma un feu de bois très sec, qui dégageait peu de fumée, et sur ce feu deux hommes rouges préparèrent de la viande de cerf qu'ils transportaient. L'odeur de la venaison en train de cuire était alléchante pour Henry, mais il savait qu'il ne fallait pas demander une portion du repas. Une ou deux fois, les Indiens s'approchaient de lui, mais seulement pour l'empanner et le frapper avec leurs fusils ou leurs arcs, tandis que l'un d'eux faisait un mouvement avec son couteau de chasse comme pour trancher le cœur du jeune chasseur.

Pendant que les Indiens étaient occupés à manger, Henry tira sur ses liens de toutes les forces qu'il pouvait rassembler. Mais il était trop faible et les guerriers avaient attaché les cuirs bruts trop fermement pour que les jeunes puissent les faire bouger. Il fit seulement resurgir sa blessure, puis dut s'arrêter, presque épuisé par son effort.

"Il est hors de question de s'enfuir", pensa-t-il, et un profond soupir s'échappa de ses lèvres. "Ils me surveilleront de près jusqu'à ce qu'ils reviennent à leur village et ils prendront ensuite un grand plaisir à me torturer de toutes les manières imaginables. Oh, quels sauvages ils sont, chacun d'eux !"

Ainsi réfléchi, Henry regarda les Indiens prendre leur repas. Quand ils eurent fini, un guerrier vint vers lui avec quelques restes et une tasse pleine d'eau sale.

"Le garçon chasseur blanc peut manger", dit l'Indien en détachant une de ses mains. C'était loin d'être un repas appétissant et décidément maigre. Mais c'était mieux que rien, et ne voulant pas mourir de faim, Henry mangea tout ce qu'on lui offrait et but l'eau jusqu'à la dernière goutte. Puis sa main libre fut de nouveau attachée derrière lui.

Les Indiens tenaient maintenant une consultation, assis près des braises mourantes du feu et fumant leurs pipes à long tuyau. Mais peu de ce qui fut dit parvint aux oreilles d'Henry, et pourtant il entendit les mots « grand festin » et « brûlage sur bûcher » prononcés dans la langue indienne. À cela, il dut frémir malgré tous ses efforts pour contrôler ses sentiments.

"Je dois m'enfuir !" il pensait. "Je le dois ! Je ne vais pas permettre qu'ils me brûlent sur le bûcher ! C'est horrible. J'ai tout entendu sur le vieux Sol Harper et Dick Waterbury, et sur la façon dont ils ont souffert. Je préférerais être abattu. Ils vont -Oh!"

Ses pensées s'arrêtèrent brusquement et, pendant un instant, il sentit qu'il devait rêver. Ses yeux s'étaient égarés vers les buissons sur la rive opposée du ruisseau. Une main blanche se leva en signe d'avertissement et les buissons s'écartèrent lentement, montrant le visage de son vieil ami, Sam Barringford . Henry hocha la tête pour montrer qu'il avait vu le vieux frontalier. Puis les buissons se sont refermés et Sam Barringford a disparu.

CHAPITRE XI

LA RUSE DE SAM BARRINGFORD

L'apparition de son ancien ami frontalier donna à Henry un nouvel espoir. Il sentait qu'il pouvait compter sur Sam Barringford pour faire tout son possible pour obtenir sa libération. Il était également sûr que Barringford suivait le groupe depuis un certain temps, essayant d'avoir une chance de se précipiter et de rompre ses liens.

Il était vrai que Barringford n'était qu'un contre neuf et n'aurait eu que peu de chances contre eux dans un combat ouvert, mais Henry connaissait trop bien le vieux pionnier pour imaginer que Barringford s'exposerait ainsi à un tir égaré qui pourrait le tuer. Son ami avait appris l'importance de jouer à un « jeu d'attente » et ne ferait rien d'irréfléchi à moins que l'occasion ne l'exige réellement.

Une bonne partie d'une demi-heure s'écoula, et les Indiens restèrent toujours autour du feu de camp, fumant et discutant de la situation. Parfois, on regardait vers Henry et on brandissait peut-être un tomahawk de manière menaçante, ce qui signifiait ainsi qu'une tentative d'évasion serait passible de la peine de mort. Henry ne prêta aucune attention à ces mouvements.

Les oreilles du jeune chasseur étaient en alerte, car il s'attendait à moitié à ce que Barringford vienne derrière lui pour couper ses liens. Enfin , il entendit son nom prononcé d'une voix basse et réservée :

"Henri!"

"Sam," répondit-il, sans apparemment bouger les lèvres.

"Je suis juste derrière, mon garçon. Faites ce que je vous dis et partir peut être facile. Je vais vous couper les cuirs bruts, mais n'essayez pas de bouger jusqu'à ce que vous entendiez un bruit dans les bois et que les Indiens courent. Ensuite, la poussière revient tout de suite, et je vous attaquerai aussi vite que possible. Comprenez-vous ? »

"Oui", répondit Henry, aussi doucement qu'avant.

"Très bien. Maintenant, dis-moi quand ces misérables créatures ne sont pas là." regarder dans '. Je ne peux pas les voir d'ici."

Après cela, il y eut quelques minutes de silence. Henry observa les neuf hommes rouges comme jamais auparavant. Plusieurs lui faisaient face, mais maintenant ils se détournèrent un instant et il communiqua ce fait à Sam Barringford .

Instantanément, une main glissa sur le côté de l'arbre et un couteau de chasse bien aiguisé glissa le long des cuirs bruts qui liaient les mains et les pieds du jeune. Les liens autour de l'arbre étaient déjà rompus.

"Maintenant, j'y vais ", murmura Barringford . "Ne cours pas tant qu'ils ne s'en aperçoivent pas , à moins, bien sûr, qu'ils ne viennent droit sur toi."

Aussi silencieux qu'il était venu, Sam Barringford se retira, gardant l'arbre et quelques broussailles entre lui et l'ennemi. Une fois de plus, Henry se retrouva seul, et encore une fois de nombreuses minutes anxieuses s'écoulèrent.

Soudain, de loin en amont du ruisseau, un coup de feu retentit, suivi d'un autre, puis du cri de guerre indien bien connu. La voix d'un homme blanc, criant fort, fut entendue, suivie d'un autre cri de guerre et du fracas et du fendage d'une branche d'arbre.

Jetant leurs pipes, tous les Indiens autour du feu de camp se levèrent d'un bond et saisirent leurs armes. D'un commun accord, ils remontèrent le ruisseau pour comprendre ce que pouvait signifier la rencontre si proche. Le cri de guerre utilisé était le leur. Certains membres de leur propre tribu doivent lancer une attaque ou être en danger.

A peine les Indiens s'étaient-ils retournés pour le quitter qu'Henry laissa tomber ses liens et sauta derrière l'arbre. Avec toute la rapidité possible, il s'élança droit dans les bois. A mesure qu'il progressait , il sautait d'un rocher à l'autre, là où cela pouvait être fait, afin de laisser une trace aussi imparfaite que possible.

Il sentait que les coups de feu, les cris et les cris de guerre, associés au fracas de la branche d'arbre, faisaient tous partie de la ruse employée par Sam Barringford pour faire sortir les Indiens de leur captivité, et en cela il ne se trompait pas. Les Indiens étaient partis vers un homme, et maintenant, alors qu'il se sentait en sécurité pour le moment, Henry regrettait de ne pas s'être arrêté assez longtemps pour prendre possession de son fusil.

"Je ne peux pas y retourner maintenant", marmonna-t-il. "Ils reviendront bientôt – ou en enverront un ou deux pour me surveiller." Il écouta une seconde. "Bonjour ! Certains d' entre eux sont déjà de retour ! Maintenant, ils vont me réchauffer, s'ils le peuvent !"

Il poursuivit son chemin jusqu'à ce qu'il entende un sifflement sourd mais clair, qui n'était pas sans rappeler le bruit de certains oiseaux nocturnes de cette localité. Il siffla en retour et aperçut bientôt la forme d'un homme au loin agitant un bras pour qu'il s'approche.

« Je les ai bien trompés, n'est-ce pas ? » rigola Sam Barringford . "Ils se sont éteints dès qu'ils ont entendu le cri de guerre, n'est-ce pas ?"

"Ils l'ont fait", répondit Henry. "Mais certains d' entre eux sont de retour, alors il ne faut pas perdre de temps pour s'enfuir."

"Tu as raison, mon garçon, ça ne sert à rien d'essayer de trop les tromper , c'est trop comme jouer avec les dents d'un chat sauvage, maintenant ils ont leur peinture de guerre. Bien sûr que tu sais le riz du pays de Hull , n'est-ce pas ?

"Oui, et la cabane de Risley a été incendiée et Mme Risley est une captive, j'en ai peur."

« Je m'inquiète pour vos propres parents, Henry. Les Indiens se dirigent par là, me semble-t-il.

Tandis qu'ils avançaient à travers les bois, l'oreille attentive à l'apparition possible des Indiens restés sur place ou d'autres, Henry raconta son histoire, que le vieux pionnier écoutait avec une grande attention. En retour , Barringford raconta ses propres actes au cours des quarante-huit dernières heures.

"J'étais à Timber Ridge, derrière la maison de Siler, à la recherche de cerfs, quand j'ai repéré des Indiens qui se dirigeaient vers l'ancien terrain de rencontre . J'ai décidé qu'ils ne faisaient rien de bon, et alors Je les ai suivis . Ils ont tenu une réunion avec les guerriers de Little Horn, et l'un d' eux avait un message de ce coquin de Jean Bevoir qui a volé à ton oncle ce poste de traite sur la Kinotah , et le message disait de ne pas oublier le Morris. cabane dans le raid.

"Notre cabane !" s'écria Henry. "Alors ils l'attaqueront sûrement."

"Oui, et je plaisante parce que Jean Bevoir le veut , Henry. Ce coquin devrait être pendu. Il n'est ni une mauvie ni un homme rouge , à ma façon de penser ."

"De toute façon, nous ne pouvons pas rentrer trop vite à la maison – du moins, je ne peux pas, Sam."

"Je suis avec toi, Henry. Vos parents sont mes meilleurs amis. En plus, je veux savoir ce qu'est devenu Dave. Vous savez quel spectacle je pense de lui", a conclu Barringford .

Ils avancèrent avec prudence jusqu'à ce qu'Henry se sente obligé de se reposer. Puis ils s'assirent au bord d'un petit ruisseau et y prirent un verre, et le frontalier lava et pansa la main blessée d'Henry. Enfin ils repartirent, faisant un demi-cercle qui les amena en vue de la cabane Morris .

"Trop tard!" » jaillit des lèvres d'Henry, et son cœur se serra. Sur le ciel du petit matin, un épais nuage de fumée s'élevait paresseusement des ruines de la cabane et des dépendances. Autour des ruines, une demi-douzaine d'hommes rouges rôdaient, à la recherche de tout ce qui aurait pu échapper à leur attention pendant l'obscurité de la nuit.

"Oui, mon garçon, nous arrivons trop tard", répondit tristement Barringford . "J'espère seulement que vos parents se sont échappés."

"Rapprochons-nous et voyons s'il y a des cadavres qui traînent", balbutia le jeune chasseur. Il était tellement agité qu'il pouvait à peine parler.

"Faites attention à ce que vous faites", tel était l'avertissement. "Suivez-moi, je pense que je connais un endroit d'observation sûr."

Barringford ouvrait la marche, et bientôt ils se trouvèrent dans un bosquet de broussailles à moins de deux cents pieds de la cabane. Les broussailles étaient sur une élévation de terrain, de sorte qu'ils pouvaient facilement observer la situation.

"Rien en vue", dit Henry après une longue et douloureuse pause. "Qu'en dis-tu, Sam ?"

"C'est encourageant , mon garçon. Il est plus que probable que ton père s'est enfui avec ta mère et les autres. Je ne vois aucun des chevaux dans les environs. C'est aussi un bon signe. Je crois qu'ils ont frappé Fort Lawrence. ou Will's Creek - probablement le premier, car le sentier menant à Will's Creek est un véritable bloc avec les Indiens.

Sentant qu'il n'y avait rien à gagner à rester dans les environs, ils commencèrent à se retirer dans l'abri amical de la forêt. Ils avaient à peine parcouru cent mètres, qu'Henri poussa un cri d'avertissement.

"Un Indien ! Il vient droit sur nous !"

Il avait raison, et un instant plus tard, un guerrier peint leur fit face. Lui aussi fut surpris par la rencontre, mais, aussi vite qu'un éclair, il souleva le tomahawk qu'il portait pour abattre Barringford .

Si le coup avait été porté comme prévu, le crâne du frontalier aurait été fendu en deux. Mais si l'Indien était rapide, Barringford était plus rapide. Il sauta sur le côté et, en un clin d'œil, saisit le guerrier par la gorge et le fit reculer. Au même moment, Henry avançait.

"Peu importe, j'ai la créature maudite !" s'écria Barringford en tenant l'Indien dans une poigne d'acier. "Voyez si d'autres arrivent ! "

Henry regarda, mais aucun autre homme rouge n'était en vue. Celui qui était dans les bras de Barringford se tortilla et se débattit et leva un genou pour le planter contre la poitrine du frontalier. Mais même cela ne brisa pas cette emprise mortelle, et maintenant la langue de l'Indien sortait presque de sa bouche grande ouverte. Il serra la gorge de Barringford , mais sa main fut rejetée et le poignet repoussé jusqu'à ce qu'il soit presque cassé. Puis l'Indien poussa une étrange gorgée et s'effondra soudain en tas.

" Il règle son compte", haletait Barringford en s'éloignant. "Et il n'a eu aucune chance de faire du bruit autrement . C'est bien la créature, n'est-ce pas ?" Et il a de nouveau ouvert la voie.

"Oui, cela lui a bien servi", répondit Henry, mais alors même qu'il parlait , il devait frémir, et il se demandait si l'Indien était vraiment mort ou seulement en partie étouffé.

Ayant décidé de se diriger vers Fort Lawrence, Sam Barringford ouvrit la voie en suivant la route même que Joseph Morris avait suivie. Lui et Henry étaient maintenant épuisés par leur longue marche, et tous deux se seraient reposés s'ils n'avaient pas été si impatients de savoir comment les choses se passaient au fort. Ils trébuchèrent du mieux qu'ils purent. Chacun avait faim, mais aucun ne s'en plaignait.

Il était presque midi lorsqu'ils entendirent plusieurs coups de feu au loin. Des cris violents ont suivi et les tirs se sont poursuivis pendant près d'une demi-heure.

« Les Indiens ont attaqué le fort ! s'écria Henri. "Une grande bataille doit avoir lieu !"

"Je pense que vous avez raison, Henry. Venez", et Barringford partit à une vitesse accrue.

Ils n'allèrent cependant pas loin, car peu de temps après, ils entendirent un murmure de voix devant eux.

"Un camp indien", murmura Barringford . "Viens, on va faire le tour", et il se déplaça vers la gauche.

Mais ici aussi, le chemin était bloqué par les Indiens. Puis ils firent un large détour, pour découvrir d'autres guerriers campés entre eux et le fort.

"Le chemin est bloqué", dit enfin le frontalier. "Les créatures ont entièrement encerclé le fort. Nous en sommes sortis et il semble que nous devions rester à l'extérieur."

CHAPITRE XII

ANNÉE SOMBRE DE LA GUERRE

Au moment où s'ouvre cette histoire, George Washington était à la frontière depuis près de deux ans, avec à peine plus qu'une poignée de rangers et de milices, faisant de son mieux pour protéger une partie du pays s'étendant à travers la Pennsylvanie, le Maryland et la Virginie. Son quartier général était à Winchester, où le fort était en bon état de défense , mais il s'éloignait fréquemment de cet endroit, dirigeant des opérations mineures contre les Indiens qui, poussés par leurs alliés français, attaquaient continuellement des colonies isolées.

A cette époque, le futur Président de notre pays était encore un jeune homme, fort, résolu et plein d'ambition. On ne pensait pas à l'indépendance à cette époque. Il était sujet du roi d'Angleterre et, en tant que sujet, il était prêt à faire tout son possible pour maintenir l'autorité britannique en Amérique. Il était très aimé de tous les soldats sous ses ordres, mais il faut avouer que certains de ces soldats n'étaient pas aussi disposés à rester dans l'armée qu'on le souhaiterait.

Les ennuis causés par les soldats s'expliquent facilement. En premier lieu, les colons étaient réticents à accomplir leur devoir militaire lorsqu'ils étaient appelés à « jouer le rôle de second violon » par rapport aux soldats amenés d'Angleterre ; leur frontière et fouetter les Français et les Indiens, ne pouvaient guère se permettre de négliger leurs fermes et leurs récoltes.

"J'aimerais m'enrôler à nouveau", a déclaré un vieux pionnier à Washington, "Mais j'ai une femme et quatre petits enfants à la maison, et si je ne prends pas soin d' eux , ils n'auront rien à manger. Vous savez, monsieur, que je n'ai pas reçu un dollar de salaire depuis trois mois. Cette explication était typique de beaucoup, et même si le colonel Washington regrettait que ses hommes l'abandonnent ainsi, au fond de son cœur, il ne pouvait pas leur reprocher de vouloir subvenir aux besoins de ceux qu'ils aimaient tant.

Jusqu'à présent, la conduite de la guerre avec la France avait été une série de désastres pour la cause de l'Angleterre, s'étendant sur une période de trois ans. L'amère défaite de Braddock, en juillet 1755, avait été suivie par l'abandon par Shirley du projet de prendre le Fort Niagara, et après une âpre bataille à Lake George, Sir William Johnson, dont nous entendrons parler beaucoup plus tard, fut contraint d'abandonner. son espoir de pousser jusqu'à Crown Point. Cela met fin aux combats pour l'année, laissant les perspectives pour les colonies vraiment sombres.

La guerre entre la France et l'Angleterre fut officiellement déclarée en mai 1756, vingt ans seulement avant cette mémorable Révolution qui sépara les États-Unis de l'Angleterre. Le comte de Loudon fut envoyé pour prendre le commandement d'une nouvelle expédition vers le nord, mais son travail sur ce territoire ne fut pas plus victorieux que celui de Johnson et, en conséquence, le commandant français, le général Montcalm, captura Oswego, avec tous les canons et tous les canons. les approvisionnements laissés là l'année précédente par Shirley, et dans sa défaite, le général Webb, avec une grande partie des troupes britanniques, durent se replier sur Albany.

Au début de l'année suivante, les Anglais se préparèrent plus que jamais pour mener à bien la guerre. Loudon quitta New York avec six mille hommes et fut rejoint à Halifax par l'amiral Holborne avec une flotte de onze navires de guerre. Le but de l'expédition était d'attaquer Louisbourg, mais lorsque les Anglais arrivèrent à proximité de cette forteresse française , ils trouvèrent dix-sept navires de guerre ennemis qui les attendaient, soutenus par de lourdes fortifications terrestres, et attaquer une telle force aurait été téméraire ; alors Loudon retourna à New York très découragé.

Pendant ce temps, Montcalm ne chôme pas. Pendant que Loudon se dirigeait vers Louisbourg, le grand général français descendit avec une force importante de Crown Point et attaqua le fort William Henry. Le fort fut contraint de se rendre, et ce, étant entendu que les soldats seraient autorisés à sortir avec les honneurs de la guerre. Mais les Indiens et les Français ne voulurent pas y consentir et, au signal donné, ils tombèrent avec une grande fureur sur les Anglais, les massacrant à droite et à gauche, massacrant non seulement les soldats mais aussi une centaine de femmes et d'enfants qui avaient fui vers l'Amérique. enceinte pour plus de sécurité. Les casernes furent démolies et incendiées, et les canons, les bateaux et les provisions furent emportés. Montcalm fut tenu responsable de ces actes scandaleux, mais il affirma que les Indiens ne pouvaient être contrôlés.

L'effet de tant de désastres sur les armes britanniques dans d'autres régions ne pouvait laisser qu'une seule impression dans l'esprit des Indiens qui menaçaient la frontière que Washington essayait de défendre. Ces guerriers sont arrivés à la conclusion que les Anglais étaient trop faibles pour se défendre et, par conséquent, ils pouvaient se précipiter et tuer, brûler et piller à leur guise. Ils savaient bien que les Français tenaient toujours le fort Duquesne et que si les Anglais s'avançaient trop loin vers l'ouest (dans une poursuite des hommes rouges), les Français se réveilleraient pour tenter de les repousser d'où ils étaient venus. De plus, il y avait parmi les Indiens des commerçants aussi voyous que Jean Bevoir , et ces hommes, afin de promouvoir leurs propres intérêts, disaient aux Indiens d'aller de l'avant et de faire ce qu'ils voulaient contre les Anglais, et que les Français n'interviendraient jamais. , quelle que soit la barbarie de la guerre ainsi menée.

A cette époque, la population de la Pennsylvanie, du Maryland et de la Virginie était estimée à environ un demi-million d'âmes , mais avec ce nombre, Washington ne pouvait obtenir que deux mille miliciens et rangers, et, comme nous l'avons dit précédemment, ce nombre diminuait constamment, comme un après l'autre. un autre a refusé de se réengager, pour les raisons déjà évoquées. Le jeune commandant a fait tout ce qui était en son pouvoir pour protéger les nombreuses colonies des attaques, mais couvrir une si vaste étendue de territoire était, dans ces circonstances, impossible. Le mieux qu'on pouvait faire était de stationner des parties de l'armée dans divers forts et de tenir les soldats prêts à marcher dans n'importe quelle direction d'où viendrait une alarme.

Le colonel Washington avait effectué une longue tournée d'inspection et était sur le point de s'installer pour un sommeil bien mérité , lorsqu'un infirmier entra et lui annonça qu'un messager indien était arrivé avec des nouvelles.

"Qui est le messager ?" interrogea le commandant, car à cette époque il fallait se prémunir contre toute trahison possible.

"Un sous-chef nommé White Buffalo, monsieur."

Washington connaissait assez bien White Buffalo et ordonna aussitôt que le chef soit amené. Cela fut fait, et le guerrier remit le message écrit par le capitaine Tanner avec toute la cérémonie que l'occasion semblait exiger à l'Indien.

"White Buffalo, mon frère, a bien fait de transmettre ce message si rapidement", a déclaré Washington. "Fort Lawrence a besoin d'aide et je donnerai toute l'aide en mon pouvoir. Vous connaissez beaucoup d'Indiens qui sont amis avec les Français. Dans combien de temps vont-ils attaquer l'endroit, pensez-vous ?"

"White Buffalo, mon frère, a bien fait de transmettre ce message si rapidement."

"Ce Buffle Blanc ne peut pas le dire à son frère Washington", fut la réponse du chef. "Ils sont avides de pillage et n'attendront que tant qu'ils penseront qu'ils sont trop faibles pour lancer l'attaque. Mais quand ils se sentiront assez forts , ils se précipiteront, et s'ils prennent le fort, White Buffalo est sûr que le massacre se produira à Fort William Henry sera répété. »

Quelques mots suivirent encore, et Washington s'empressa d'avertir plusieurs de ses officiers de ce qui se passait au fort Lawrence. Une force de seulement trente-six hommes put être épargnée du fort Winchester, et ceux-ci furent placés sous le commandement du lieutenant Baldwick , un vieux combattant indien. Avec les Blancs se rendirent neuf Indiens qui, après quelques petites sollicitations, consentirent à agir sous les ordres de White Buffalo, bien qu'ils appartenaient à une tribu différente. Washington était très tenté de prendre lui-même le commandement, mais il sentait qu'on aurait bientôt besoin de lui dans d'autres directions.

Les rangers choisis pour cette expédition étaient tous à cheval, et le lieutenant Baldwick les fit partir aussitôt qu'ils purent être réunis et que les vivres et les munitions nécessaires purent être distribuées. Les Indiens étaient à pied, mais ils étaient tous de bons coureurs, et comme la piste était difficile pour les chevaux, les guerriers suivirent sans grande difficulté.

L'expédition était encore en vue de Winchester lorsque James Morris arriva au poste, après avoir effectué un voyage d'affaires un mile plus à l'est. Le père de Dave rencontra le colonel Washington à l'entrée de la palissade et prit la liberté de lui demander ce que signifiait le départ des soldats.

« Ils sont en route vers Fort Lawrence », fut la réponse, et Washington fit part du message reçu et de ce que White Buffalo avait eu à raconter.

"C'est mauvais!" » éjacula James Morris. "A-t-il dit quelque chose à propos de mes parents, colonel ?"

"Il a mentionné que votre frère Joseph était avec le capitaine Tanner, mais c'est tout. J'espère sincèrement que votre famille est dans le fort et en sécurité", répondit Washington.

Le père de Dave avait souhaité voir le commandant au sujet de l'achat d'un certain nombre de chevaux nécessaires à l'armée britannique, mais maintenant l'affaire était oubliée, et sans tarder, le commerçant s'est précipité sur son cheval après l' ordre du lieutenant Baldwick . Dès qu'il a gagné l' expédition , il a cherché White Buffalo et lui a posé des questions sur Dave.

"Il est au fort", dit l'Indien. "Et ainsi est votre frère Joseph et sa femme et Rodney et le petit Bright-face", — c'est-à-dire Nell.

"Et qu'en est-il d'Henry ?"

"Il avait disparu, mais il sera peut-être au fort quand nous y arriverons." Et du mieux qu'il le pouvait, le guerrier raconta ce qui s'était passé dans la cabane d'Uriah Risley et après.

Bien que l'expédition se soit poursuivie aussi rapidement que possible, il était midi avant que la moitié de la distance jusqu'à Fort Lawrence ne soit parcourue. Le repas de midi était pris pendant la marche et le seul arrêt effectué était celui de l'abreuvement des chevaux. Deux éclaireurs blancs et deux Indiens partirent en espionnage et, une demi-heure plus tard, découvrirent le camp de quatre Indiens, qui avaient avec eux un guerrier souffrant d'une jambe cassée. Une escarmouche s'ensuit et deux des Indiens, dont le blessé, sont tués et les autres faits prisonniers. Après cela, l'expédition avança avec plus de vigilance que jamais.

Il était près de trois heures, et les soldats étaient encore à un mille du fort, lorsqu'un des avant- gardes poussa un cri. Il avait aperçu deux hommes blancs rampant au bord d'un ravin au nord du sentier. Un arrêt fut ordonné et un autre groupe d'éclaireurs s'avança pour découvrir qui pouvaient être les Blancs.

Une courte partie de cache-cache s'ensuivit alors, chaque camp ne sachant pas si l'autre était un ami ou un ennemi. Mais finalement , Sam Barringford poussa un cri de joie alors qu'il balançait sa casquette en peau de raton laveur en l'air.

"Je te connais, Dick Hoggerly !" » cria-t-il à l'un des éclaireurs. "Ne les laissez pas nous tirer dessus. J'ai Henry Morris avec moi."

"Bonjour, alors c'est toi, Sam," fut la réponse. "Très bien, nous ne le sommes pas on ne tire pas sur des amis si nous pouvons l'aider. » Et puis la nouvelle s'est répandue et bientôt les deux vagabonds ont été accueillis, Henry en particulier par son oncle James.

Les deux hommes n'avaient que peu de choses à raconter en dehors de ce qui est déjà connu. Ils informèrent le lieutenant Baldwick que les Indiens encerclaient complètement Fort Lawrence et qu'une sorte d'attaque avait déjà eu lieu. Cela suffit à réveiller l'esprit des plus paresseux, et une fois de plus l'expédition traverse la forêt, bien décidée à sauver le fort et ses défenseurs, si cela était possible.

CHAPITRE XIII

COMBATTRE LES INDIENS

"Cela ne ressemble plus vraiment à une attaque."

C'est Dave qui parlait, alors qu'il s'appuyait contre les rochers et regardait fixement la forêt, au-delà du petit ruisseau qui coulait à côté du fort improvisé.

"Quand les Peaux-Rouges viendront , ils ne sonneront pas de la trompette", répondit Rodney d'un air sombre. "Plus l'attaque est vicieuse, plus ils se feront discrets. N'est-ce pas vrai, père ?"

"Vous avez raison, mon fils", répondit Joseph Morris. "Je ne serais pas surpris si les Indiens sont beaucoup plus proches que nous ne le pensons."

"Si seulement nous savions où se trouvent Henry et son père", a déclaré Dave. "Peut-être que les Peaux-Rouges les ont capturés tous les deux."

"Ils n'auront pas ton père si facilement, Dave", dit Joseph Morris. "Ils peuvent--"

Le pionnier s'interrompit et leva brusquement son arme. Il avait vu des plumes guerrières flottant au-dessus d'une frange de broussailles entre plusieurs noyers majestueux. Il a visé avec précaution et a tiré.

Un cri déchira l'air et, en un instant, ce cri fut repris par une demi-centaine d'autres, remplissant l'air d'un bruit soudain qu'aucune plume ne peut décrire. Comme Dave l'a dit, c'était vraiment "un ébouriffant", et il a senti un frisson rapide lui parcourir la colonne vertébrale. Ce cri ne disait que trop bien à quel point les Indiens étaient excités et ce qu'ils feraient s'ils en avaient l'occasion.

Le rapport de l'arme de Joseph Morris a été suivi par la décharge de l'arme de Rodney, puis par des coups de feu de plusieurs autres. Rodney avait vu un guerrier courir d'un arbre à l'autre et avait fait descendre l'Indien à mi-chemin entre les deux. Mais l'homme n'était que blessé et il ne perdit pas de temps pour ramper pour se mettre à l'abri.

Prise de bec! prise de bec! Une balle et une flèche ont touché les rochers juste devant les Morris et ont poussé Dave à esquiver rapidement, même si jusqu'à présent il y avait peu de risque d'être touché. Puis d'autres coups de feu retentirent des deux côtés et pendant plusieurs minutes, l'air à l'intérieur et à l'extérieur du fort fut rempli de fumée.

"Il y en a un bon nombre, c'est certain", observa Joseph Morris en s'arrêtant pour recharger. "Je crois que tous les Indiens dans un rayon de cent cinquante milles à la ronde se sont rassemblés ici. Écoutez !"

Ils écoutaient, et de loin d'autres cris arrivaient, tournant peu à peu dans la forêt de l'autre côté du fort. Mais cette ruse n'a pas trompé ceux qui étaient à l'intérieur.

"C'est une vieille esquive", observa Joseph Morris. "Ils veulent que nous les cherchions de ce côté-là pendant qu'ils se précipitent de ce côté-là. Vous voyez, les voici maintenant !"

"Oui, un 'thar's fer' em !" a mis un pionnier qui se tenait à proximité. Son objectif était juste et un guerrier tomba au moment où il sautait pour traverser le ruisseau.

"Bien pour toi, Pasney !" s'exclama Joseph Morris. "Je n'ai jamais vu de photo plus vraie de ma vie. Vous l'avez pris droit au cœur."

"Wall, c'est ce que je comptais faire ", répondit froidement Pasney . C'était un vieux trappeur et il vivait depuis des années parmi des Indiens amis. Lors des entraînements à la carabine, il avait souvent remporté des prix pour son adresse au tir.

Avec quatre de leurs guerriers tués ou blessés, les Indiens se retirèrent pour le moment. Jusqu'à présent, personne dans le fort n'avait été touché, par conséquent l'esprit de tous, même des femmes, était revenu à la vie.

"Si nous continuons ainsi, nous allons bientôt les décourager", a déclaré le capitaine Tanner. "Il est plus que probable qu'ils resteront là jusqu'à demain, puis se précipiteront pour piller ce qu'ils peuvent et retourneront sur leur propre territoire."

"S'ils font cela , nous devons les suivre", a déclaré Dave. "Il faudrait leur donner une bonne leçon. Pensez simplement à notre belle maison qui a été entièrement incendiée sans aucune raison. C'est dommage!"

Beaucoup de femmes et d'enfants, ainsi que certains hommes, étaient très fatigués, mais il était impossible pour tous ceux qui étaient assez âgés de comprendre ce qui se passait de dormir. Même la petite Nell est sortie de sa sieste en poussant un cri et s'est accrochée plus près que jamais à la jupe de sa mère.

"Oh, maman, que vont-ils faire de nous ?" elle a demandé. "Vont-ils nous scalper ?"

"Espérons que non, ma chère", répondit Mme Morris d'une manière apaisante. "Je pense que ton papa et les autres peuvent les éloigner."

Une demi-heure plus tard, une autre attaque survint. Il faisait désormais nuit, et seul un œil exercé pouvait voir ce qui se passait dans l'obscurité de la forêt entourant le fort. Pour avoir une meilleure vue, Pasney grimpa sur l'un des arbres faisant partie de la palissade.

A peine eut-il conquis une position favorable qu'il poussa un cri d'alarme. Puis vint le sifflement d'une flèche à travers les branches nues devant lui et son corps tomba avec un bruit sourd juste à l'intérieur de la défense . Plusieurs se précipitèrent vers lui et le relevèrent, mais il était trop tard.

« Une balle dans le cœur ! » murmura Dave en regardant le corps avec horreur. "Il a eu exactement ce qu'il avait donné à ce Peau-Rouge il y a quelque temps." Et il se détourna, à peine capable de contrôler ses sentiments.

de nouveau lancé et une fois de plus les Indiens se précipitèrent, attaquant cette fois le fort des deux côtés. Il y avait une décharge constante d'armes à feu et des flèches entraient librement dans l'enceinte, l'une traversant Rodney à travers la partie charnue du bras et une autre effleurant le visage de Dave.

"Tu es touché, Rodney", s'écria Dave en voyant son cousin infirme reculer en titubant.

"Je pense que ce n'est pas grand-chose", fut la réponse. "Mais c'était un coup dur", puis Rodney est allé voir sa mère pour faire panser la blessure.

Le combat durait depuis près d'une heure lorsque ceux qui se trouvaient dans le fort virent que l'ennemi changeait de tactique. Dans les airs, une douzaine de flèches ou plus se précipitèrent, toutes transportant avec elles des traînées de feu. Ils montaient comme autant de fusées, pour tomber en courbes gracieuses directement dans le fort. L'un d'eux était attaché à une corne de poudre qui, en touchant le sol, explosait avec une grande violence. Le feu était dispersé dans toutes les directions et pour le moment, il semblait que certaines femmes et enfants allaient être brûlés vifs.

Rodney était proche de sa mère et de la petite Nell lorsque la première pluie de flèches enflammées tomba. Il vit la jupe de sa mère s'enflammer et, comme un éclair, lui arracha le vêtement brûlant. Puis il effaça quelques étincelles de la petite Nell, de lui-même et d'une vieille femme qui se tenait à côté.

"Ils ont l'intention de nous brûler vifs !" » était le cri, et beaucoup d'enfants ont commencé à crier plus fort que jamais.

"Laissons les femmes prendre l'eau et la terre et éteindre le feu !" ordonna le capitaine Tanner. « Tous les hommes sont nécessaires à la palissade. Ils se préparent pour une nouvelle ruée ! »

Heureusement, toute l'eau possible avait été apportée dans le fort et les vêtements en étaient trempés et utilisés pour éteindre les flammes. C'était un travail dur, et bientôt les femmes furent aussi souillées de fumée que les hommes. Pour sauver les enfants, toutes leurs robes ont été mouillées afin que les étincelles n'aient aucun effet. Là où les flèches enflammées tombaient parmi les bagages et où l'eau n'était pas disponible, le gazon était déterré avec des pelles et des gaffes et jeté dessus comme une couverture.

Entre- temps , ce que le capitaine Tanner avait dit à propos d'une autre attaque était vrai. Mais cette fois les Indiens furent plus prudents et ne s'exposèrent guère, en attendant que le feu vienne les secourir. Lorsqu'ils virent que les flèches enflammées n'avaient que peu ou pas d'effet, ils se replièrent une fois de plus, avec deux guerriers blessés, dont un mortellement.

Petit à petit, la nuit s'écoulait. Les pertes pour les pionniers s'élevaient à un homme tué et plusieurs blessés, mais aucun gravement. Une femme avait été brûlée au cou et un petit garçon avait eu l'oreille brûlée.

Lorsque le jour se leva, la vigilance sur la palissade et sur les rochers ne se relâchait pas, car tous sentaient qu'une nouvelle attaque pourrait survenir à tout moment. Il n'y avait pas d'eau dans l'enceinte, toute l'eau disponible ayant été utilisée pour lutter contre l'incendie.

"Nous devons trouver de l'eau d'une manière ou d'une autre", a déclaré Joseph Morris. "Je meurs d'envie de boire un verre et je pense que vous êtes tous à peu près pareils."

"Oh, Joseph, ne vous exposez pas", a plaidé Mme Morris. "Il est plus que probable que les Indiens savent que nous voulons de l'eau et qu'ils surveilleront les ruisseaux de près pour voir s'ils ne peuvent pas attraper quiconque essaie de l'obtenir."

Cela s'est avéré être le cas quelques minutes plus tard, lorsqu'un pionnier nommé Raymond a essayé d'aller chercher un seau d'eau. A peine s'était-il montré que deux flèches sifflèrent dans cette direction, l'une traversant sa casquette en peau de raton laveur. Raymond laissa tomber son seau précipitamment et ne perdit pas de temps pour se mettre à l'abri.

"Je connais un moyen d'obtenir de l'eau", a déclaré Rodney. "Creusez un trou entre les rochers, puis passez une gaffe à travers ce talus de terre. Une partie de l'eau de ce ruisseau coulera certainement dans cette direction."

La suggestion a été jugée bonne et plusieurs ont immédiatement commencé à creuser le trou. Il était creusé à quatre pieds de profondeur et la perche à brochet était enfoncée dans le sol aussi bas que possible. Au début, l'eau ne coulait pas, mais bientôt quelques gouttes apparurent, puis suivirent un ruisseau de la taille du petit doigt.

"Hourra!" s'écria Dave. "Le plan de Rodney est très bien. Ce trou maintiendra l'eau ici au niveau de celle du ruisseau et nous aurons tout ce que nous souhaitons." Et cela s'est avéré, à la grande satisfaction de tous ceux qui se trouvaient dans le fort. Certes, l'eau était plutôt boueuse, mais même une eau boueuse valait bien mieux que rien et personne ne s'est plaint.

"White Buffalo devrait être sur le chemin du retour", observa Joseph Morris, alors que lui et les garçons étaient assis sur les rochers, mangeant le maigre repas du matin que le capitaine Tanner leur avait distribué.

"Oui, et il devrait être accompagné de quelques-uns des rangers du colonel Washington", répondit Dave.

"Ton père sera avec eux ", dit Rodney. "Enfin, à moins qu'il ne se dirige plutôt vers la maison."

La conversation se poursuivait à voix basse, car toutes les oreilles étaient aux aguets, attendant les bruits de la forêt. Le capitaine Tanner avait espéré obtenir des nouvelles des Indiens que White Buffalo avait laissés derrière lui, mais aucun d'entre eux ne se montra.

Une heure plus tard, une alarme retentit du fond de la palissade. Les Indiens se rassemblaient pour une solide ruée sur ce côté. Bientôt, un cri se fit entendre et de nouveau des coups et des flèches retentirent.

"Nous y sommes maintenant!" s'écria le capitaine Tanner. "Chacun doit faire son devoir sinon nous sommes perdus. Ils arrivent sur nous quelques centaines de plus!"

Il avait raison, et maintenant l'ennemi avançait hardiment, comme encouragé par la simple force du nombre. Plusieurs portaient des branches d'arbres entaillées, qui servaient d'échelles pour escalader la palissade.

Les coups de feu ont volé fort et rapidement et, en quelques minutes, deux autres pionniers ont été blessés et une femme a été tuée sur le coup. Les Indiens subirent une perte encore plus grande, mais continuèrent à avancer jusqu'à ce qu'une vingtaine d'entre eux soient proches de la palissade. Pendant ce temps , plusieurs d'entre eux couraient vers les rochers, pensant que les pionniers avaient déserté cette extrémité du fort.

Joseph Morris, Rodney, Dave et deux autres rencontrèrent ceux qui se trouvaient sur les rochers avec une volée rapide qui mit rapidement trois des guerriers hors du combat. Mais d'autres arrivaient, et en quelques minutes nos amis se retrouvèrent dans ce qui ressemblait presque à un corps à corps, seuls quelques rochers rugueux les séparant des peaux-rouges.

Dave venait de tirer, et il rechargeait à toute vitesse, lorsqu'il aperçut une flèche pointée en pleine direction de son oncle. Il poussa un cri d'avertissement, mais ce cri arriva trop tard. Joseph Morris a été touché à la poitrine et est tombé en tas. Il poussa un étrange petit gémissement puis resta immobile.

CHAPITRE XIV

RETRAITE DES PIONNIERS

Le cri d'avertissement de Dave parvint aux oreilles de Rodney, et le jeune homme se retourna à temps pour voir son père descendre comme il vient d'être décrit. Il poussa un cri d'horreur puis, les dents serrées, déchargea son arme directement sur le guerrier qui avait abattu M. Morris. Son objectif était vrai et l'Indien tomba pour ne plus se relever.

La chute de son oncle poussa Dave à faire de plus grands efforts et, alors que les Indiens se précipitaient sur les rochers , lui et plusieurs autres les rencontrèrent dans un corps à corps court mais amer, au cours duquel les coups étaient librement pris et portés. Les peaux-rouges criaient à pleins poumons et utilisaient leurs tomahawks avec une grande méchanceté. Dave a été confronté à un grand guerrier qui a fait de son mieux pour ouvrir la tête du jeune avec sa hachette, mais Dave a esquivé et le coup lui a simplement effleuré l'épaule. Puis, avant que l'Indien puisse viser un autre coup, une balle venant de l'arrière interrompit à jamais la carrière du Peau-Rouge.

La forêt était maintenant pleine de cris, et les coups de feu partaient avec une rapidité merveilleuse. Ceux qui étaient dans le fort ne pouvaient pas comprendre cela. Les Indiens avaient-ils été renforcés ?

"Si d'autres Peaux-Rouges sont apparus, nous sommes condamnés !" C'était le cri qui courait, mais presque au-dessus venait un cri de joie :

"Les rangers sont arrivés ! Nous sommes sauvés !"

C'était vrai, le commandement du lieutenant Baldwick était venu après un long combat avec des Indiens se dirigeant vers le fort. Ces Peaux-Rouges avaient été mis en fuite et avec eux une douzaine de trappeurs et commerçants français sous Jean Bevoir , l'un des trappeurs ayant été tué, ainsi que deux Indiens. Désormais, les rangers se battaient désespérément pour atteindre ceux encerclés dans le fort.

L'arrivée des soldats redonna une nouvelle vie aux pionniers et la bataille reprit. Frappés à la fois par l'avant et par l'arrière, les Indiens reçurent un feu irritant qui les remplit d'une terreur soudaine.

Au milieu des rangers se trouvaient James Morris et Sam Barringford . Le père de Dave était calme et déterminé et chaque coup de son mousquet avait un effet mortel. Barringford semblait être dans son élément et dansait si rapidement qu'aucun Indien ne pouvait tirer une « perle » sur lui.

" C'est pour vous !" » cria-t-il en tirant avec son arme sur le guerrier le plus proche. " Et comment ça vous plaît , hein ? " — frappant une seconde avec la crosse de l'arme. "Je vais vous montrer ! Ne suis- je pas un peintre rugissant quand je suis libre ! Dégagez la piste pour le tourbillon éclatant et rugissant !" Et criant ainsi dans le style particulier des anciens trappeurs de cette époque, il se précipita, se frayant littéralement un chemin à travers les rochers et pénétrant dans le fort proprement dit. Une flèche transperçait sa casquette en peau de raton laveur et sa veste de chasse était déchirée en une douzaine d'endroits par des couteaux et des tomahawks, mais avec tout cela, il semblait mener une vie enchantée et mettait à terre tous les guerriers qui osaient barrer sa progression.

Moins de dix minutes après que les rangers soient apparus et se sont rapprochés, les Indiens ont commencé à battre en retraite. Les voyant ainsi en fuite, les pionniers et les soldats redoublèrent d'efforts et bientôt les guerriers ne furent que trop heureux de regagner la forêt. Ils quittèrent les environs du fort et prirent position à plusieurs centaines de mètres, derrière une petite colline, entourée des deux côtés par des rochers. Il est possible qu'ils s'attendaient à ce que les rangers les suivent jusqu'à ce point, mais pour l'instant ils n'ont pas été inquiétés.

La raison en était facile à expliquer. Les pionniers et les rangers étaient complètement épuisés : les premiers à cause de leurs fuites précipitées de leurs foyers, de la vigilance et des combats au fort, et les seconds à cause du déplacement forcé depuis Winchester et de la première bataille dans la forêt avec les Indiens et les Français. . Tout le monde avait besoin de repos et les blessés réclamaient de l'attention. La bataille restait donc pour le moment nulle.

Dès qu'on apprit que les Indiens s'étaient retirés, une vingtaine de rangers indemnes furent mis sur pied pour surveiller leurs mouvements, puis commencèrent à soigner les blessés. Au total, six hommes, femmes et enfants ont été tués sur le coup et un homme a été mortellement blessé. Parmi les pionniers, cinq étaient blessés, et parmi les rangers, trois, et parmi les tués, deux avaient été scalpés.

"Dave, mon fils !" s'écria James Morris en se précipitant. "Es-tu en sécurité?"

"Oui, père", fut la réponse. "Et toi?"

"J'ai une égratignure à la jambe, mais ce n'est pas grave. Comment va le reste ?"

"Oncle Joe a été abattu. Je pense que les autres vont bien."

"Joe abattu ? Est-ce qu'il—il——"

"Le voilà, près des rochers. Non, il n'est pas mort, mais je pense qu'il va plutôt mal. Il a reçu une flèche en pleine poitrine."

Le père et le fils se précipitèrent sur place et trouvèrent Joseph Morris étendu sur une couverture et entouré de toute sa famille, y compris Henry, qui, lors de l'avancée des rangers, s'était battu avec autant de courage que n'importe qui. La flèche avait été extraite et Mme Morris utilisait tout son talent pour panser la plaie.

« Qu'en penses-tu, James ? elle a pleuré. "Est-ce qu'il vivra ?"

"Tant qu'il y a de la vie, espérons, Lucy", répondit tendrement le beau-frère. « Est-il inconscient ?

"Oui," répondit Rodney. "Je—j'ai peur que la pointe de la flèche ait été empoisonnée."

"Laisse-moi voir la flèche."

Il fut ignoré et James Morris l'examina avec soin. À ce moment-là, Sam Barringford est également arrivé et lui aussi a regardé la flèche.

" Il n'y a pas de poison là-dedans", dit le vieux frontalier. " Cette tribu utilise du jus bleu et si ce poison de guerre , le sang deviendrait verdâtre. Mais il est d'un rouge riche, comme vous le voyez. Non, j'admets que ce n'est pas le cas. emprisonné ."

"Je crois que Sam dit la vérité ", a déclaré James Morris.

"Mais c'est une blessure effrayante", a déclaré Dave. "J'ai vu la flèche frapper. Elle est entrée droit."

Tous se mirent au travail pour réanimer le patient inconscient et Barringford insista pour obtenir de l'alcool et en enfoncer quelques cuillères à café dans la gorge du blessé. Enfin , ils eurent la satisfaction de voir Joseph Morris pousser un petit soupir et ouvrir les yeux d'un air rêveur.

"Oh!" murmura-t-il et resta silencieux un instant. "Je—je suis touché !" il continua.

"Tais-toi, Joseph", dit sa femme en se penchant sur lui. "Oui, tu as été touché à la poitrine par une flèche. Nous ferons ce que nous pouvons pour toi, mais tu ne dois pas bouger, sinon la blessure recommencera à saigner."

"Mais les Indiens..."

"Les Indiens se sont retirés", a déclaré Rodney. "Les rangers sont venus, et oncle James est là aussi, tout comme Henry."

"Tout est sain et sauf ?"

"Oui."

"Dieu merci!" Et puis Joseph Morris retomba dans le silence, étant presque trop faible pour respirer et encore moins pour parler.

La petite Nell pleurait amèrement, et maintenant Henry la prit dans ses bras et fit de son mieux pour la calmer, car il savait que sa mère ne quitterait pas son père.

"Les méchants, méchants Indiens !" s'écria la petite fille. "Oh, comment ont-ils pu venir nous tirer dessus ! Et la nuit dernière, ils ont essayé de nous brûler avec leurs flèches enflammées ! Oh, c'était épouvantable !" Et elle enfouit sa tête bouclée dans l'épaule de son frère.

Les heures qui suivirent furent assez sombres et que ceux qui étaient dans la palissade n'oublièrent jamais. L'homme qui avait été mortellement blessé mourut en hurlant de douleur, et les sons résonnèrent dans les oreilles des petits et des grands, remplissant ces derniers d'un nouveau chagrin. Les morts étaient enterrés ensemble dans un trou profond et sur leur dernier lieu de repos étaient roulées plusieurs lourdes pierres, afin qu'aucune bête sauvage ne puisse déranger leur tombe commune. Le service funèbre fut de courte durée, car on ne savait pas quand les Indiens pourraient lancer une autre attaque.

Vers le milieu de l'après-midi, les Indiens amicaux dirigés par White Buffalo apprirent que les Indiens français, comme on les appelait, se préparaient à un nouveau mouvement. Instantanément, tous les hommes disponibles dans le fort sautèrent sur leur arme et même certaines femmes s'armèrent, déterminées à se battre jusqu'au bout plutôt que de risquer les horreurs de devenir captives de l'ennemi.

Mais l'alarme s'est avérée fausse, car les Indiens, bien qu'ils aient déplacé leur camp du côté opposé du fort, n'ont fait qu'échanger quelques coups de feu avec plusieurs rangers. Pourtant, cette décision maintenait les pionniers en alerte toute la nuit, de sorte que personne ne dormait peu, voire pas du tout.

"Je dois dire que je suis tellement fatigué que je peux à peine garder les yeux ouverts", a déclaré Henry à Dave. "Si nous choisissons de battre en retraite , je ne vois pas comment je vais pouvoir rouler ou marcher."

"Faites une sieste", a dit Dave. "Si une autre alarme survient, je t'appellerai." Et Henry descendit et se retrouva presque instantanément au pays des rêves.

Le lendemain matin, un conseil de guerre fut tenu par le capitaine Tanner, le lieutenant Baldwick et une demi-douzaine des principaux pionniers, et il fut décidé que la meilleure chose à faire serait de se retirer à Winchester. Les provisions commençaient à manquer, tout comme les munitions, et le lieutenant avait reçu l'ordre de ne pas tenir Fort Lawrence, mais de faire de son mieux pour ramener les colons et leurs familles en toute sécurité.

"Les Indiens se rassemblent régulièrement", a déclaré le lieutenant Baldwick
. "Chaque heure les rend plus forts. Je pense que plus tôt nous nous
retirerons, mieux ce sera pour nous." Et sur ce point, le capitaine Tanner et
la majorité des colons étaient d'accord.

La principale difficulté qui se présentait était de savoir comment soigner les
blessés. Ce serait courir un risque grave de déplacer Joseph Morris et
plusieurs autres personnes, mais aucune aide n'a été trouvée pour le faire et
on a dit à la famille de se préparer à partir dans une heure.

"Nous ferons une portée entre deux chevaux", a expliqué James Morris.
"Rodney peut monter sur l'un des animaux et les conduire le long de la partie
la plus lisse du sentier qu'il peut trouver. Nous panserons la blessure aussi
étroitement que possible, afin que le sang n'ait pas beaucoup de chance de
recommencer."

Mme Morris a souhaité s'y opposer, craignant que son mari ne meure avant
la fin du voyage. Mais elle ne pouvait pas rester seule et c'est pourquoi, le
cœur serré, elle se prépara à bouger comme on lui avait ordonné.

Les colons étaient priés de quitter le fort aussi silencieusement que possible
et de n'emporter que ce qui était absolument nécessaire. Avant de partir, les
rangers et certains Indiens commandés par White Buffalo partirent en avant
pour s'assurer que la piste choisie par le capitaine Tanner était dégagée. Huit
des rangers restèrent au fort, pour lui donner l'apparence d'être encore habité
et, en cas d'attaque, pour se précipiter et couvrir les arrières des colons.

CHAPITRE XV

DISPARITION DU PETIT NELL

Comme il était naturel, Dave et Henry voyageaient côte à côte. Ils se déplaçaient directement derrière Mme Morris et la petite Nell, qui montaient à l'arrière de la litière sur laquelle reposait Joseph Morris, et les chevaux sous la conduite de Rodney. Le père de Dave n'était pas du groupe, pas plus que le fidèle Sam Barringford , tous deux ayant rejoint le groupe de rangers qui formaient l'avant-garde.

Suivant les instructions qui leur étaient données, les pionniers et leurs familles se déplaçaient à travers la grande forêt aussi silencieusement que possible, avec seulement le gémissement occasionnel d'un blessé ou le cri d'un petit enfant rompant le silence. La route longeait les rochers bordant l'un des cours d'eau mentionnés précédemment, puis empruntait ce qu'on appelait à l'époque le Old Buffalo Trail, un sentier bien battu qu'avaient parcouru autrefois d'innombrables buffles dans leurs migrations vers l'est et retour. Les buffles disparaissaient alors rapidement de ce territoire, tout comme aujourd'hui les cerfs, les loups et autres animaux sauvages, également nombreux.

Ce fut une période difficile, car les oreilles de tous étaient toujours en alerte pour détecter le premier signe de l'approche d'un ennemi. Dave et Henry continuèrent leur route avec leurs armes prêtes à être utilisées instantanément. Rodney guidait les chevaux avec le plus grand soin, mais il y avait de nombreuses secousses dans la litière qui faisaient plus d'une fois Joseph Morris pousser un gémissement qu'il ne pouvait réprimer.

On calculait que si rien d'extraordinaire ne se produisait, le groupe pourrait atteindre Winchester en trois jours, mais si les Indiens les poursuivaient et les attaquaient, le voyage prendrait beaucoup plus de temps, car ils devraient se tenir derrière quoi que ce soit. ils parvenaient à ériger des parapets et y restaient jusqu'à ce que la côte soit libre ou que l'ennemi les chasse. Il y avait aussi la possibilité omniprésente que les Indiens anéantissent complètement l'expédition, une possibilité qui faisait frémir de nombreux hommes mariés en pensant à leurs femmes et à leurs enfants sans défense.

"Nous pouvons nous considérer chanceux si nous atteignons Winchester sans plus de problèmes", observa Henry tandis qu'ils avançaient péniblement.

"Vous avez raison", répondit Dave. "Les Indiens semblent excités au dernier degré. Ils nous piégeront s'ils le peuvent."

"Il y a une chose en notre faveur, Dave. Le capitaine Tanner est un aussi bon éclaireur que celui que vous trouverez dans ces régions, et avec des hommes comme Barringford et votre père à ses côtés, il ne tombera dans aucun piège à moins qu'il ne s'agisse d'un puissant un habile."

— Dire que Jean Bevoir devrait être dans ce quartier avec ses commerçants voleurs, reprit Dave après une pause. "Je déclare que j'aurais aimé qu'il tombe à la place d'un de ces Indiens que nous avons abattus. Il n'est pas aussi bon que certains Iroquois, à mon avis."

"Il aura ce qu'il mérite un de ces jours, Dave. Il a trompé tellement de peaux-rouges que certains d'entre eux coucheront pour lui un soir, et ce sera la fin de lui et de sa bande. Mais je dois admettre que je Je ne comprends pas comment des Peaux-Rouges peuvent suivre la direction d'un tel coquin, qui leur donne de l'alcool uniquement dans le but de leur voler leurs peaux durement gagnées.

Deux milles avaient été parcourus lorsqu'un coup de feu arriva de face, suivi de trois autres. Immédiatement, les pionniers et leurs familles se rassemblèrent derrière un demi-cercle de rochers et de broussailles qui se trouvait à proximité . Plusieurs Indiens s'étaient montrés aux éclaireurs, mais dès que l'un d'eux fut abattu, les autres s'enfuirent. Tout le groupe resta de garde une demi-heure de plus, mais aucun ennemi ne revint et la marche reprit.

Tard dans la nuit, Dave apprit que deux autres hommes blancs avaient rejoint l'expédition et peu de temps après, il aperçut Uriah Risley . Il courut à la rencontre de l'Anglais et Henry fit de même.

"Ma femme, où est-elle ?" » a demandé Uriah Risley , à Henry. "Dis-moi vite !"

"Je ne peux pas vous le dire ", répondit Henry.

"Mais tu étais avec elle, alors Dave me l'a dit."

"J'étais avec elle. Mais des Indiens sont venus et nous ont attaqués, et je lui ai dit de courir et de se cacher dans les bois. Puis les Indiens sont venus vers moi et j'ai été frappé, et c'est tout ce que j'ai su jusqu'à ce que, longtemps après, j'ai trouvé moi-même attaché au dos d'un cheval et voyageant avec une bande de peaux-rouges. Et Henry donna les détails de la rencontre et de la manière dont Sam Barringford était ensuite venu à son secours.

« Pensez-vous que ma femme s'est enfuie dans les bois ?

"Je ne peux vraiment pas le dire. Je sais qu'elle s'est enfuie aussi bien que sa cheville blessée le lui permettait, mais il se peut que certains Indiens l'aient poursuivie. J'avais tellement les mains occupées que je ne pouvais pas regarder", a conclu Henri.

Uriah Risley était pâle et hagard et a déclaré qu'il n'avait pas dormi depuis deux nuits, ni pris de repas régulier depuis quarante-huit heures. Il s'était rendu à proximité de sa cabane incendiée et avait suivi tant bien que mal la trace d'Henry sur plusieurs kilomètres, mais il n'avait trouvé nulle part la trace de sa femme.

"Je crains qu'elle ne soit soit morte, soit entre les mains de ces peaux-rouges meurtrières," gémit-il, ses yeux devenant étrangement humides. "Pauvre chère Caddy ! Elle non plus n'a jamais pu s'habituer à cette vie ! C'était un triste jour où nous ne sommes pas restés en Angleterre, ni à Annapolis." Et il se détourna pour cacher son émotion. Plusieurs vinrent lui offrir de la nourriture et il en mangea machinalement une partie. Dormir, même s'il en avait cruellement besoin, était hors de question.

Il est étrange de dire qu'aucune attaque indienne n'a eu lieu le lendemain et que cette nuit-là, l'expédition était en bonne voie vers Winchester. Certains pionniers pensaient que l'ennemi s'était retiré vers l'ouest, satisfait des dégâts causés et du butin obtenu, mais à cela Sam Barringford , le capitaine Tanner et un certain nombre d'autres anciens pionniers secouaient la tête.

"L'Indien est à son pire quand il fait profil bas", telle était la façon dont Barringford s'exprimait. "Nous devons garder les yeux ouverts, sinon vous savez que nous nous réveillerons tous skulped ."

Heureusement pour le groupe, l'un des avant- gardes avait abattu un cerf et un autre avait abattu un certain nombre d'oiseaux avec une belle balle. Les oiseaux étaient transformés en ragoût pour les malades et les blessés et le gibier était découpé et divisé tout autour. L'expédition se déroulait au milieu d'une large ceinture forestière, à un endroit où se trouvait une petite clairière. Ici, dans un creux, un feu de camp était allumé et la viande cuite et le ragoût préparés, et pendant que la moitié des pionniers et des soldats valides restaient de garde, l'autre moitié prenait son premier repas complet depuis qu'elle avait quitté le fort. Ensuite, la garde fut changée et l'autre moitié satisfit les désirs de l'homme intérieur, après quoi des sentinelles furent postées et le camp s'installa pour voir s'il ne pourrait pas obtenir une nuit de repos bien méritée.

Mme Morris et les autres furent heureux de constater que, même si la blessure de Joseph Morris ne le faisait pas peu souffrir, elle ne réapparaissait pas et offrait toutes les promesses d'une guérison rapide lorsque le malade aurait atteint un endroit où il pourrait avoir quelques semaines. calme. Avant de se coucher avec la petite Nell, la femme lava et pansa la blessure et donna à son mari toute la nourriture qu'il voulait.

Dave était de garde pendant la première moitié de la nuit, avec son père au poste suivant, à moins de trente mètres. La nuit était sombre et un vent faible se levait, annonciateur d'une tempête. Tout le reste était calme et le feu de camp a pu brûler doucement jusqu'à ce qu'il ne reste plus que quelques braises.

"On dirait que les Indiens y ont vraiment renoncé", a déclaré Dave, alors que lui et son père se rencontraient lors de leurs promenades le long des deux postes.

"Ne soyez pas trop sûr", répondit James Morris. "En ce moment même, ils se préparent peut-être à se précipiter et à nous submerger. Je ne croirai pas que nous serons en sécurité tant que nous ne serons pas en vue de Winchester."

« Est-ce que le fort est en bon état ?

"Assez bien, même si le colonel Washington va le renforcer autant qu'il peut. Le problème est que Washington a des problèmes avec le gouverneur Dinwiddie. Le gouverneur pense qu'il sait tout et ne donnera pas au colonel la moitié des soldats ou des équipements nécessaires. ... Il ne semble pas se rendre compte que si Winchester tombait, tous les colons anglais seraient repoussés de l'autre côté de Blue Ridge et perdraient tout ce qu'ils possèdent dans cette localité.

Quand vint le temps de se coucher, Dave fut assez content de se jeter et de s'endormir, avec rien de plus qu'une fine couverture pour le couvrir. Son père gisait à côté de lui, avec Joseph Morris, Mme Morris et Rodney et la petite Nell non loin.

Combien de temps il avait dormi, Dave ne le savait pas, mais quand il se réveilla, ce fut avec un sursaut et une toux. Il y avait des cris et des tirs violents et la forêt semblait pleine de fumée et de feu. A peine avait-il relevé qu'une flèche passa devant sa tête et s'enfonça dans le tronc d'arbre derrière lui.

"L'attaque est lancée !" » venait de James Morris, qui était déjà debout. "Ils ont allumé le feu des deux côtés du camp et ils se préparent pour nous des deux autres côtés. J'ai peur que ce soit un combat jusqu'au bout."

Nous n'avions pas le temps d'en dire davantage car la confusion était grande de tous côtés. Les cris et les tirs ont continué, et au milieu de cela, le capitaine Tanner a couru partout, suivi du lieutenant Baldwick , donnant des ordres aux hommes et conseillant aux femmes et aux enfants quoi faire. Au tumulte s'ajoutaient les cabrioles folles de certains chevaux qui reniflaient la fumée et les cris des enfants effrayés, certains s'accrochant aux jupes de leur mère et d'autres courant partout à la recherche de leurs parents perdus. eux dans la confusion générale.

"Restez avec votre tante et votre oncle, Dave", a déclaré James Morris. "Ils auront besoin de vous. Je sors avec les soldats", et en une seconde il s'éloigna en courant pour savoir à quel point la situation était grave et ce qu'on pouvait faire pour y remédier.

Ce qui se passa au cours de l'heure suivante parut au garçon plus comme un rêve horrible que comme une réalité. Les cris de guerre des Indiens continuaient de résonner dans l'air nocturne, ponctués de nombreux coups de feu et de cris de blessés, tandis que le feu dans la forêt devenait de plus en plus brillant, poussant devant lui les malades, les blessés et les impuissants. Rodney et les autres ont essayé de remettre Joseph Morris sur la civière, mais avant que cela puisse être fait, les deux chevaux se sont enfuis dans l'obscurité, l'un d'entre eux bouleversant Mme Morris et lui blessant gravement l'épaule. Puis Henry et Dave se sont serré la main à la manière d'une chaise et ont commencé à porter la victime entre eux, pour ensuite trébucher sur des racines d'arbre et s'étendre tête baissée. Pendant ce temps , Mme Morris regardait autour d'elle et découvrait que la petite Nell avait disparu.

« Nel ! Nel ! » Elle a crié. "Viens ici ! Nell !"

"N'est-elle pas avec toi, maman ?" est venu rapidement de Rodney.

"Non. Mais elle était là il y a un instant. Nell ! Nell !"

Aucune réponse ne fut reçue à ce cri, et maintenant Mme Morris et Rodney coururent çà et là à la recherche de la petite fille. On ne voyait pas grand-chose, car la fumée était si épaisse qu'elle les aveuglait.

Aussi vite que possible, Dave et Henry se levèrent et récupérèrent M. Morris. La chute avait blessé la blessure du malade et celui-ci dut gémir malgré ses efforts pour étouffer les sons.

« Peu importe mm… moi ! Il haletait. « Sa… sauve les … les autres ! » Et puis il s'est évanoui.

"Ta mère appelle Nell !" s'écria Dave. "Tiens, Henry, mets-le sur mon dos. Je le porterai d'une manière ou d'une autre, et ensuite tu pourras retourner vers elle." Et après un effort, Dave maîtrisa sa charge et repartit en titubant, dans la direction déjà prise par plusieurs autres. Il faisait maintenant plus attention à l'endroit où il plaçait ses pieds et évitait ainsi de redescendre, même si la charge le faisait haleter et s'exercer bien au-delà de ses forces de jeunesse. Il marchait encore et encore, sur les rochers et déchirant les broussailles basses. Une flèche lui traversa l'épaule mais il n'y prêta pas attention. Il entendit d'autres coups de feu, et une fois, une flamme de feu sembla éclater presque devant lui. Mais il ne fut pas touché, et dix minutes plus tard il eut le sentiment d'avoir merveilleusement quitté le champ de bataille derrière lui. Il s'enfonça dans un creux rempli d'herbe mouillée et tomba jusqu'aux genoux. Incapable de porter sa charge plus loin, il laissa le corps de son oncle glisser à côté de lui, et il se reposa là, faisant de son mieux pour reprendre son souffle et se demandant ce qui allait se passer ensuite.

CHAPITRE XVI

RETOUR À WINCHESTER

semblait enfin terminée . Seuls quelques coups de feu retentirent et ils venaient de loin. L'incendie de la forêt s'était éteint et, grâce à une Providence toute-puissante, il n'avait pas réussi à donner aux Indiens le succès qu'ils recherchaient. Il est vrai qu'un certain nombre de pionniers et de soldats avaient été grièvement blessés, mais aucun n'avait été tué, tandis qu'en revanche sept Peaux-Rouges avaient été abattus.

Tout était dans une confusion désespérée, et ce n'est qu'à la lumière du jour que le capitaine Tanner et les autres réussirent à mettre les choses au clair. Beaucoup de femmes et d'enfants s'étaient enfuis dans la forêt et il fallut les traquer, tandis que certains pionniers avaient suivi l'ennemi pour leur propre compte et ne revenaient que lorsqu'ils sentaient que les Indiens étaient suffisamment repoussés.

Lorsque Dave se remit de son voyage forcé, sa première inquiétude fut pour son oncle, qui s'était évanoui suite à une nouvelle perte de sang. Du mieux qu'il le pouvait, le jeune pansa de nouveau la blessure, arrachant à cet effet une manche de sa chemise.

Alors qu'il était au travail, plusieurs alarmes retentirent près de lui et il retint son souffle, s'attendant à être découvert à tout instant. Mais les Indiens le dépassèrent des deux côtés avec une rapidité qui lui montra qu'ils ne pensaient plus qu'à la retraite.

Aux premiers rayons du jour , il regarda autour de lui et découvrit au loin deux rangers à cheval. Ils rassemblaient les pionniers et leurs familles et consentirent volontiers à l'aider de toutes leurs forces.

"Je pense que M. Morris va assez mal", a déclaré l'un des soldats. "Les coups n'ont pas fait de bien à sa blessure."

"C'est justement le problème", répondit Dave. "Mais j'ai fait de mon mieux dans les circonstances. Je ne voulais pas que les Indiens le scalpent."

"Oh, tu as très bien fait, mon garçon, très bien. Viens, je vais le prendre en charge."

Le ranger transporta avec soin l'homme sans défense et bientôt Dave et son oncle atteignirent l'endroit où arrivaient tous les pionniers. Dès qu'elle les aperçut, Mme Morris accourut.

"Oh, Dave, comment va-t-il ?" elle a interrogé.

"Pas mieux, tante Lucy," répondit-il sobrement. "Je pense que tu devras le garder très silencieux après ça."

"Avez-vous vu quelque chose de Nell ?"

"Non. Elle est partie ?"

"Oui. Henry et ton père sont à sa recherche."

"C'est dommage ! J'espère qu'ils la retrouveront bientôt."

Dave se sentait très faible et mangeait avec plaisir une soupe préparée par plusieurs femmes du camp.

Le jeune était en train de terminer le repas lorsque son père et Henry revinrent, l'air très découragés.

"Est-ce qu'elle est revenue?" » les interrogea tous deux, puis, tandis que Mme Morris secouait la tête, n'osant pas se permettre de parler, James Morris continua : « C'est dommage ! Je ne peux pas croire qu'il soit possible que les Indiens l'aient enlevée.

"Oui ! oui ! Ils ont dû l'enlever !" sanglota Mme Morris. "Ma pauvre Nell chérie ! Oh, que vont-ils faire d'elle ces misérables !" Et elle fondit en larmes.

Rodney venait d'arriver et tout le monde se retourna pour la consoler du mieux qu'ils pouvaient. Pourtant, ils ne pouvaient pas dire grand-chose pour apaiser son cœur gravement blessé. Même Dave avait les larmes aux yeux, car il aimait la petite Nell autant que si elle était sa propre sœur.

Quand est venu le temps de compter ceux qui avaient participé à l'expédition, il s'est avéré que deux autres filles, outre la petite Nell, manquaient à l'appel : des jumelles nommées Mary et Bertha Rose, les enfants d'un pionnier qui vivait à quinze kilomètres au nord de la propriété des Morris. Mme Rose était aussi affligée que Mme Morris, et toutes deux pleurèrent ensemble lorsqu'elles se rencontrèrent.

"Je resterai sur place pour voir si je ne retrouve pas la trace de tous les enfants", a déclaré James Morris.

"Et je ferai de même", a déclaré Nelson Rose. "Je préférerais donner ma vie plutôt que de laisser mes deux filles au pouvoir des Indiens."

"Comptez comment je vais rester avec vous", a déclaré Sam Barringford . Bien qu'il ne l'ait jamais avoué, la petite Nell était très chère au cœur du vieux pionnier.

"White Buffalo cherchera aussi le petit Bright-face", a déclaré le chef indien. "Mais il a bien peur que les Indiens français aient enlevé les trois jeunes filles."

Ainsi en fut-il décidé, et lorsque l'expédition partit, les trois hommes blancs et l'Indien avec ses partisans restèrent sur place. Le capitaine Tanner et le lieutenant Baldwick étaient maintenant à peu près certains que les Indiens ne lanceraient pas une autre attaque dans la précipitation, et c'est pourquoi il consentit volontiers à les épargner. Bien qu'il n'ait rien dit, Uriah Risley est également resté sur place, pour voir s'il ne pouvait pas apprendre quelque chose concernant sa femme.

En raison de l'état des blessés, la marche vers Winchester était maintenant plus lente que jamais et, lorsque la nuit tomba, seule la moitié de la distance jusqu'à cette ville frontière avait été parcourue. Mais un messager avait été envoyé en avant et plusieurs chariots sortirent le lendemain pour transporter les handicapés. Cela a rendu le reste du voyage moins pénible pour Joseph Morris, et même s'il ne s'est pas amélioré, son état n'a pas semblé empirer.

La nouvelle du massacre, comme on l'appelait, s'était répandue dans toutes les directions, et lorsque les pionniers atteignirent Winchester , ils trouvèrent le poste vivant avec de nombreux autres venus de tous les points de l'horizon, certains avec tous leurs biens et d'autres. avec rien d'autre que les vêtements sur le dos. En conséquence , chaque cabane et chaque maison étaient pleines à craquer, et ce n'est que par chance que les Morris ont trouvé refuge dans la cabane d'un ami intime nommé Maurice Gibson. Gibson lui-même était un commerçant comme James Morris, et sa femme Abigail et Mme Lucy Morris étaient d'anciennes camarades de classe.

Joseph Morris fut placé sur un lit confortable et un chirurgien fut immédiatement appelé pour s'occuper de lui. Le médecin a sondé sa blessure et l'a fait laver soigneusement, puis a laissé un fort tonique comme médicament.

"Je pense qu'il va bientôt récupérer", a déclaré le médecin. "Mais il doit rester silencieux jusqu'à ce que la blessure soit complètement guérie. Sinon, la fièvre pourrait s'installer et je ne serais pas responsable des conséquences."

"Il restera ici aussi longtemps qu'il le voudra", a déclaré Maurice Gibson. "Et sa famille aussi;" et ainsi cela fut réglé.

Bien sûr, Mme Morris se sentait soulagée de penser que son mari allait guérir, mais elle ne pouvait pas oublier sa petite fille, et tandis qu'elle pensait à Nell entre les mains des Indiens, des larmes silencieuses coulaient sur ses joues malgré tout ce qu'elle pouvait. faire pour les rester.

"C'est affreux, affreux !" dit-elle à Dave. "Oh, je donnerais ma main droite pour savoir qu'elle était en sécurité !"

"Je donnerais beaucoup moi-même, tante Lucy", répondit-il. "Mais gardez votre courage. Père, Barringford et White Buffalo feront tout ce qui est en leur pouvoir pour nous la ramener."

Deux jours d'inquiétude passèrent dans la ville, puis on rapporta que la majorité des Indiens hostiles s'étaient retirés vers le fort Duquesne, pour rejoindre les Français situés dans cette place forte. Quelques réguliers avaient suivi une partie de l'ennemi et abattu trois braves à ce qu'on appelait les Trois Postes. Parmi ces Indiens ainsi abattus se trouvait Crooked Nose, demi-frère de Spotted Tail, un chef célèbre de cette époque.

"Et toujours aucune trace de Nell", soupira Mme Morris lorsque la nouvelle arriva. "Dave, as-tu entendu parler de ton père ?"

"Pas un mot, tante Lucy."

"J'espère qu'il est en sécurité."

"Oh, vous pouvez lui faire confiance pour prendre soin de lui-même, surtout quand Barringford et White Buffalo sont avec lui. Je pense qu'ils nous apporteront certaines nouvelles à leur retour."

Mais aucun membre du groupe n'est revenu et, au bout d'une semaine, même Dave est devenu anxieux. À ce moment-là, Joseph Morris se sentait assez fort pour parler un peu, même s'il n'était pas autorisé à aller plus loin que ce qui était absolument nécessaire.

Même s'il n'y avait pas de lignes télégraphiques à cette époque, la nouvelle ne tarda pas à se propager d'un bout à l'autre de la Virginie et des États voisins, et l'on sentait de tous côtés que tout ce territoire ne serait pas à l'abri des Indiens et des États voisins. Les raids français tant que Fort Duquesne reste aux mains des Français.

"Donnez-moi l'autorité et les hommes pour marcher contre ce fort et en prendre possession et notre frontière sera en paix", a écrit le colonel Washington. "Mais plus nous tardons, plus cette situation deviendra dangereuse pour nous." Ce ne sont pas ses paroles exactes, mais elles constituent l'essentiel des nombreuses communications qu'il a adressées à ceux qui détenaient son autorité.

Deux semaines plus tard, James Morris arrivait, pâle et fatigué, après avoir parcouru plusieurs centaines de kilomètres dans une demi-douzaine de directions, à la recherche de la petite Nell et des jumelles Rose.

"Nous en avons trouvé des traces, mais c'est tout", a-t-il déclaré. "Ils sont sans aucun doute entre les mains des Indiens, qui les emmènent soit à Fort Duquesne, soit vers le nord, jusqu'au lac Érié. J'ai laissé M. Rose, Barringford et les Indiens toujours à leur recherche. J'avais hâte de savoir comment cela se passait. avec frère Joseph et vous autres. »

"Mais tu reviendras, tu n'abandonneras pas la chasse de si tôt ?" » plaida Mme Morris.

"Oui, je sortirai encore", répondit le père de Dave. "Dès que je peux avoir un bon repas et une bonne nuit de sommeil."

Le repas ne tarda pas et le commerçant se coucha à sept heures du soir et ne se réveilla que le lendemain à midi. Puis il déclara qu'il avait l'impression d'avoir été entièrement renouvelé et, deux heures plus tard, disant au revoir aux autres, il partit pour continuer ses recherches. Il a fallu longtemps avant que Dave revoie son père.

CHAPITRE XVII

UNE NOUVELLE CAMPAGNE

Comme nous l'avons déjà dit, les affaires dans les colonies semblaient en effet bleues, et certains pionniers courageux qui avaient tout risqué pour s'établir dans ce nouveau pays craignaient d'être bientôt contraints soit de céder aux Indiens, soit de passer sous la domination française. . Trois campagnes avaient été menées, et les Français étaient toujours maîtres et tenaient Louisburg, Crown Point, Ticonderoga, Frontenac et la longue chaîne de postes allant de Niagara à l'Ohio et de là jusqu'au Mississippi. Le fort anglais d'Oswego avait été détruit et les Français avaient contraint les Six-Nations, l'organisation indienne la plus puissante jamais connue, soit à rester neutres, soit à leur apporter leur aide.

Pour ajouter à l'inquiétude des Anglais, la guerre en Europe a également pris une tournure en faveur des Français. Cela provoqua une tempête de protestations contre le ministère anglais et George II. a été obligé de faire un changement. En conséquence , William Pitt se vit confier le contrôle total des affaires étrangères et coloniales.

Pitt était à la fois un homme de sagesse et d'action, et ses projets pour une nouvelle campagne en Amérique éveillèrent les colonies comme elles ne l'avaient jamais été auparavant. Une armée de cinquante mille hommes, réguliers anglais et milices coloniales, fut rassemblée, et il fut résolu qu'une campagne à trois têtes serait instituée à la fois, une contre Louisbourg, une autre contre Ticonderoga et une troisième contre Fort Duquesne.

Le premier coup fut porté au début de juin 1758, lorsque les Anglais parurent devant Louisbourg avec trente-huit navires de guerre et une armée de quatorze mille hommes. Il y eut une attaque vigoureuse, et une sorte de siège, et à la fin de juillet, la place capitula, et cet automne comprenait également la prise des îles du Prince-Édouard et du Cap-Breton.

L'avance sur Ticonderoga ne fut pas aussi réussie, bien qu'une partie des troupes dirigées par le vaillant Israel Putnam, plus tard si célèbre dans la Révolution, dispersa une partie des Français et captura cent quarante-huit prisonniers. Suite à cela, une attaque fut lancée contre le fort Frontenac, situé là où se trouve aujourd'hui la ville de Kingston, au Canada, et ici les Anglais mirent le fort en ruines et capturèrent neuf navires transportant des canons et des fournitures.

Les habitants de Virginie, du Maryland et de Pennsylvanie souhaitaient vivement que l'attaque du fort Duquesne soit lancée immédiatement, mais comme nous le savons déjà, les armées, en particulier celles qui devaient marcher à travers le désert, se déplaçaient très lentement. Le commandement de cette expédition fut confié au général Forbes, un vaillant officier mais qui était loin d'être en bonne santé pour une telle entreprise. Ce général quitta Philadelphie au début de juillet avec la majeure partie de son commandement et, après une dure marche, atteignit Raytown, quatre-vingt-dix milles à l'est du fort Duquesne, et maintenant connu sous le nom de Bedford.

Pendant que le général Forbes se déplaçait ainsi vers l'ouest, le colonel Washington, qui avait reçu l'ordre de rejoindre le commandement principal, rassembla toutes ses troupes disponibles et se dirigea vers le nord de Winchester jusqu'à Fort Cumberland, appelé dans ces pages par son nom alors commun de Will's Creek.

Le printemps était passé lentement chez ceux de la famille Morris située à Winchester. Il est étrange de dire que même si la blessure de Joseph Morris était guérie, il semblait presque impossible au pionnier de retrouver ses forces, et tout ce qu'il pouvait faire était de se promener dans les pièces de la maison Gibson, ou dans la cour, soutenu par sa femme ou son mari. autres.

"Mes jambes ne me soutiennent pas", a-t-il déclaré. "Ils ont l'impression qu'ils vont me laisser tomber à tout moment."

"Ce sont les effets de la fièvre", a déclaré Mme Morris. "Le médecin dit que vous devrez y aller doucement pendant plusieurs mois."

Rodney, lui aussi, avait souffert de la marche à travers la forêt et des combats et était plus ou moins confiné dans la maison.

"C'est dommage, et juste après, je pensais que je devenais si fort", soupira l'infirme. "D'une manière ou d'une autre, nous semblons être une famille malheureuse."

Pendant tous ces mois mornes, aucune nouvelle directe ne leur était parvenue au sujet de la petite Nell, mais par White Buffalo était parvenu un rapport selon lequel une certaine tribu d'Indiens connue sous le nom de Little Waters avait plusieurs filles blanches sous sa garde et qu'un vieux chef indien avait pris l'un des captifs comme sa fille, lui étant sans enfant.

"S'ils les acceptent comme leurs enfants, ils les traiteront avec civilité", a déclaré Sam Barringford . "Mais je pense que tu ne veux quand même pas perdre la petite Nell."

"Non non!" dit Mme Morris. "Oh, nous devons la récupérer d'une manière ou d'une autre !"

Après que cette nouvelle fut rapportée, Barringford et le père de Dave se dirigèrent de nouveau vers le nord-ouest, dans l'espoir d'ouvrir des négociations avec les Indiens. L'issue de ce voyage restait une question, même si White Buffalo déclarait que peu de choses pourraient être faites tant que la hache de guerre ne serait pas enterrée entre les Anglais et les Indiens français.

Dès qu'un nouvel appel fut lancé pour des troupes supplémentaires dans la milice coloniale, Dave signifia son intention de réintégrer le service sous les ordres de son ancien commandant, le colonel Washington. A ce sujet, il n'a pas hésité à s'adresser personnellement à Washington.

"Je serai heureux de vous avoir parmi nous", a déclaré Washington après que les jeunes eurent expliqué les choses. « Je me souviens de la façon dont vous avez agi lors de notre autre campagne contre le fort Duquesne, et je n'ai pas oublié, maître David, comment nous avons abattu l'ours », — cela avec une étincelle dans les yeux. "Oui, rejoignez-nous par tous les moyens si vous le souhaitez." Et Dave a signé le rôle d'appel ce jour-là, en tant que milicien colonial, avec un salaire de dix pence par jour, deux pence à déduire pour les vêtements et autres articles de première nécessité ! C'était le taux de salaire régulier et, à cette époque, il était considéré comme tout à fait équitable.

Il faut avouer que les troupes du colonel Washington formaient un ensemble hétéroclite. Beaucoup des meilleurs pionniers et pionniers étaient fatigués des retards du passé et refusaient désormais de se réengager, craignant d'être appelés à ne rien faire d'autre qu'à attendre autour du fort, pendant que les récoltes d'été chez eux exigeaient leur attention. Recruter des recrues s'avérait être le travail le plus dur, et les compagnies étaient parfois composées d'hommes qui ne connaissaient pas le sens de la vie familiale – des trappeurs et des commerçants robustes, certains assez industrieux, mais d'autres adonnés à la boisson et à la bagarre, et pas un rares sont ceux qui vivaient presque comme les Indiens, utilisant le style vestimentaire des hommes rouges et se peignant occasionnellement le visage, « jes 'fer the sport on't », comme ils l'exprimaient. Lorsqu'il s'agissait de combattre, ces hommes étaient comme des tigres humains, mais dans le camp et en marche , il était presque impossible de les soumettre à la discipline militaire. Beaucoup refusaient de transporter des rations comme le faisaient les soldats réguliers, préférant abattre le gibier selon leurs besoins, et si le gibier n'était pas à portée de main, ils s'appropriaient un cochon ou une vache appartenant à un colon, apportant ainsi des problèmes supplémentaires au commandement.

" Ainsi , vous partez avec les soldats ", dit Henry lorsque Dave lui raconta ce qu'il avait fait. "Eh bien, si tu pars, j'irai aussi, c'est-à-dire si ma mère me le permet."

Henry posa la réserve avec un air anxieux sur le visage, car il savait à quel point sa tâche serait difficile d'obtenir le consentement de ses parents.

"Non, non, Henry !" s'écria Mme Morris. "Avec ton père et Rodney si malades, et avec Nell partie, comment puis-je t'épargner ?"

"Mais, maman, il faut que quelqu'un combatte les Français", insista le fils. « Si nous ne les combattons pas et ne les fouettons pas, comment pourrons-nous un jour rentrer chez nous ? Je ne veux pas abandonner tout cela, n'est-ce pas ?

Une longue dispute s'ensuit, et finalement Mme Morris dit qu'elle en informerait son fils dans la matinée.

White Buffalo est arrivé cette nuit-là avec des nouvelles. "Les Petites Eaux sont allées au soleil couchant, aux Français", a-t-il déclaré. "On a dit à White Buffalo qu'ils resteraient là jusqu'au retour de l'hiver."

« Au fort Duquesne ! s'écria Dave. "J'en suis content. Maintenant, si nous prenons ce fort, nous pourrons peut-être sauver Nell et les jumelles Rose."

Cette nouvelle décida Mme Morris, et les larmes aux yeux, elle dit à Henry qu'il pourrait partir avec Dave et le colonel Washington. "Et que Dieu vous accorde de revenir avec Nell sain et sauf", a-t-elle ajouté.

Quelques jours plus tard, les deux jeunes soldats étaient en marche. C'était une sorte de journée de gala pour Winchester, et le poste était décoré de drapeaux et de banderoles. Les longs tambours roulaient et les fifres sonnaient joyeusement tandis que le commandement sortait de la ville et empruntait le sentier menant au nord jusqu'à Cumberland. Beaucoup étaient de bonne humeur, espérant que la chute du fort Duquesne serait rapidement accomplie.

Mais à peine la ville fut-elle laissée en arrière que la musique cessa et que le commandement poursuivit son chemin par le pas de la route, c'est-à-dire que chaque soldat sortait à sa guise. Cela était nécessaire, car le chemin était rude, tombé en désuétude depuis le début des troubles avec les Indiens.

"J'ai entendu un rapport selon lequel nous ne devions pas utiliser l'ancienne route de Braddock vers Fort Duquesne", a déclaré Henry, alors qu'il marchait péniblement aux côtés de Dave. "Le colonel Washington a conseillé de l'utiliser, mais le général Forbes va tracer sa propre route."

"S'il fait cela, nous passerons tout l'automne et l'hiver à nous rendre au fort", répondit Dave. "Comme c'est stupide de ne pas emprunter une route déjà tracée."

"C'est bizarre qu'ils ne suivent pas les conseils du colonel Washington. Il connaît ce territoire mieux que quiconque."

"Il y a beaucoup de jalousie militaire à flot", fut la réponse. "Les officiers anglais détestent voir un colonial les devancer. Ils veulent diriger tout le match."

La deuxième nuit, les troupes campèrent près d'un grand ruisseau. Il faisait chaud et Dave et Henry étaient assez heureux de se baigner dans le ruisseau dès qu'ils en avaient l'occasion. Ils furent bientôt dans l'eau, plongeant et faisant du sport à leur guise. Puis Henry attrapa une branche qui pendait au bord de l'eau et se hissa dans l'arbre.

"Voyez quel beau plongeon je peux faire d'ici", a-t-il appelé son cousin.

"Ne le fais pas", cria Dave. "Vous pourriez aller trop loin et vous cogner la tête contre un rocher."

"Je ferai attention", fut la réponse d'Henry. "Voici!"

D'un mouvement rapide, il sauta d'un membre à l'autre. Alors que le deuxième membre donnait un bruissement soudain, Henry poussa un cri d'alarme. Puis il tomba dans l'eau avec un grand bruit. Après lui tomba un chat sauvage, grognant de rage d'avoir été ainsi dérangé sans ménagement. Le chat sauvage a frappé près de l'endroit où Dave marchait sur l'eau et a immédiatement bondi vers l'épaule du jeune soldat.

CHAPITRE XVIII

CHAT SAUVAGE ET EAU

Dave fut à la fois surpris et alarmé lorsque le chat sauvage tomba presque sur sa tête nue, et encore plus effrayé lorsque la bête fit un bond vers son épaule nue. Il avait eu plusieurs expériences avec des chats sauvages et les savait à la fois puissants et assoiffés de sang.

Par instinct plus que par raison, il plongea et descendit le plus loin possible. Dès que l'eau s'est refermée sur la tête du chat sauvage, il a lâché prise et a commencé à nager vers le rivage.

Henry se trouvait directement sur le chemin de la bête et une seconde plus tard, avant que le jeune soldat ait eu le temps de penser à plonger, le chat sauvage était sur son dos, enfonçant profondément ses griffes cruelles dans sa chair.

"Descendez!" cria Henri. "Descendez ! Au secours ! au secours !"

Et puis il est tombé, non pas parce qu'il y avait pensé, mais parce qu'il ne pouvait pas supporter le poids. Le ruisseau se referma sur lui et il alla directement au fond.

Cette fois, le chat sauvage ne lâcha pas prise. Il s'accrochait désespérément et quand Henry essayait de s'en débarrasser, il ne faisait qu'enfoncer ses ongles plus profondément dans sa chair. Machinalement, il se mit à crier, lorsque l'eau s'engouffra dans sa bouche, manquant de l'étrangler sur place.

À ce moment-là, Dave avait atteint la surface, et les anneaux et les bulles lui montraient clairement où Henry et le chat sauvage étaient descendus. D'un mouvement rapide, il nagea jusqu'à la rive de la rivière, juste au moment où plusieurs rangers accouraient sur les lieux.

"Avez-vous appelé à l'aide ?" demanda l'un d'eux.

"Un chat sauvage !" » haletait Dave, à peine capable de parler, et il le montra dans le ruisseau. « Sa… sauve mon cousin ! »

" Alors un chat l'a attaqué, hein ? " » dit l'un des rangers. Il a levé son arme. "Je ne vois rien de la créature."

Juste au moment où il finissait de parler, il y eut un clapotis dans l'eau et la tête du chat sauvage apparut. Alors Henry arriva, et ils virent que la bête s'accrochait toujours au dos du jeune chasseur.

C'était un coup risqué à prendre, car la jeunesse et la bête pataugeaient furieusement. Mais il fallait faire quelque chose, et aussitôt un coup de feu retentit, suivi rapidement d'un autre. Les objectifs des deux rangers étaient justes et le chat sauvage fut touché à l'avant-train et à la tête. Avec un grognement et un crépitement , il lâcha Henry et éclaboussa follement dans l'eau.

Aucun cri ne sortit d'Henry, mais dès que la bête eut lâché prise, il s'enfonça à nouveau sous la surface, trop faible pour faire quoi que ce soit pour se sauver.

"Il va se noyer !" murmura Dave. "Sauve le!" Et sans attendre, il replongea dans la rivière.

Il se sentait lui-même mortellement faible, mais l'idée que son cousin pourrait être perdu à jamais le rendait nerveux. Les dents serrées, il nagea jusqu'à cet endroit. Apercevant le bras d'Henry alors qu'il était levé, il attrapa le membre et s'y accrocha fermement.

« Henry, tiens-moi », réussit-il à dire, mais son cousin n'y prêta aucune attention, car il était à moitié insensible. Ensuite, Dave a essayé de le soulever, mais le poids était supérieur à ce qu'il pouvait supporter.

"Aidez-nous, quelqu'un !" » parvint à crier le jeune chasseur, et il y eut un clapotis, tandis qu'un des rangers sautait dans la rivière. Un autre coup de feu retentit, un coup de grâce pour le chat sauvage, et la carcasse de la bête flotta sur la rivière et hors de vue parmi les buissons bordant la rive opposée.

Au moment où le ranger arriva, Dave était presque aussi loin qu'Henry. Le vieux soldat était un homme puissant et il conduisit facilement tous deux à la banque, qui n'était qu'à une courte distance. Ici, Dave s'est effondré, tandis que les autres soldats faisaient ce qu'ils pouvaient pour ressusciter Henry.

La rumeur selon laquelle un chat sauvage avait attaqué quelques baigneurs s'est rapidement répandue dans tout le camp et beaucoup ont afflué dans cette direction pour en savoir plus. Dave et Henry ont reçu la meilleure attention et, le lendemain matin, chacun a déclaré qu'il était en mesure de reprendre ses fonctions. Mais tous deux étaient raides à cause du traitement reçu par la bête sauvage et sur le cou d'Henri il y avait de profondes égratignures qu'il était destiné à emporter avec lui dans la tombe.

"Après cela, je vais faire très attention à l'endroit où je me baigne", a-t-il dit à Dave pendant la marche.

"Oui, et en particulier d'où vous plongez", répondit Dave. "Si vous voyez un autre chat sauvage sur votre tremplin, laissez-le finir sa sieste sans le déranger."

La marche vers Cumberland fut plus difficile que prévu, et les jeunes soldats furent heureux quand elle se termina et se retrouvèrent campés juste à l'extérieur du fort, que tous deux avaient visité plus d' une fois lors d'un voyage à Will's Creek. Les soldats arrivaient de toutes parts et bientôt le camp fut plein à craquer.

"Je me demande combien de temps nous resterons ici", dit Henry après avoir passé plus d'une semaine à Cumberland. "J'avais l'idée que nous allions marcher droit sur Fort Duquesne."

"Il y a des problèmes à propos de cette nouvelle route menant au fort", répondit Dave. "Je comprends que le colonel Washington soit terriblement bouleversé par cette affaire. Il pense qu'ils devraient utiliser l'ancienne route de Braddock et polir les Français dans les plus brefs délais."

"C'est le retard qui a provoqué la défaite auparavant, c'est certain, Dave. C'est dommage que les généraux britanniques ne suivent pas les conseils de Washington."

Ce que Dave a dit à propos des ennuis sur la route était vrai. La route de Braddock , choisie à l'origine par les Indiens, était aussi bonne que n'importe quelle autre route possible, mais malgré tous les arguments contre elle, il fut décidé de tracer une nouvelle route menant à Fort Duquesne depuis Raytown. Il est vrai qu'une telle route serait un peu plus courte que l'ancienne route, mais la couper prendrait tout l'été et poursuivre la campagne pendant l'hiver serait presque hors de question.

Lorsqu'une partie des troupes coloniales, y compris la compagnie à laquelle Dave et Henry étaient attachés, atteignirent Raytown, ils trouvèrent que la nouvelle route était déjà commencée, avec deux cents hommes occupés à abattre des arbres, à enlever de grosses pierres et à brûler des broussailles. Cela se poursuivait semaine après semaine et, entre-temps, les troupes souffraient beaucoup de maladies et du manque de nourriture adéquate. De nombreux colons furent dégoûtés par la lenteur de la campagne et seraient rentrés chez eux si les règlements militaires ne l'avaient pas interdit.

C'est au milieu de tout cela que Sam Barringford est entré et a traqué Henry et Dave. "Je pensais que tu aimerais me voir", dit-il en se serrant la main. " Jes ' s'est mis avec le père de Dave. Nous avons fait de la grande chasse, je vous le dis."

« Et Nell ? » demanda rapidement Henry.

"Elle est prisonnière à Fort Duquesne. Nous avons mis le mastic au clair."

"Pas des Français ?"

"Non, parmi les Indiens qui traînent là-bas - la bande de Jean Bevoir , comme les appelle le père de Dave - ils sont également mauvais."

Barringford avait décidé de prendre part à la campagne en cours et on imagine bien que les deux jeunes soldats étaient tout à fait heureux de retrouver leur fidèle vieil ami parmi eux.

"Cela ressemblera au bon vieux temps", a déclaré Dave. « Si seulement nous pouvions avancer demain !

C'était à la fin du mois d'octobre lorsque Dave apporta des nouvelles. Il se précipita vers l'endroit où Henry et Barringford recousaient assidûment quelques trous dans leurs vestes.

"Hourra, nous devons enfin bouger !" il pleure. "Le major Grant reçoit l'ordre d'avancer avec huit cents hommes, et notre compagnie doit accompagner le corps."

"Seulement huit cents", répondit Barringford . " Le il n'y en a pas beaucoup. Une sorte de fête de reconnaissance , je pense."

Pourtant, lui aussi était heureux de faire un mouvement quelconque et se prépara aussitôt au départ. Deux jours plus tard, le commandement était en route, ceux qui restaient sur place leur souhaitaient le meilleur succès.

Les Anglais étaient encore à plusieurs kilomètres du fort Duquesne lorsque les éclaireurs français annoncèrent à leur commandant que l'ennemi approchait. Sans attendre d'être attaqués, les Français se sont lancés dans la bataille anglaise qui approchait.

"Le combat est lancé !" s'écria Dave, alors que plusieurs coups de feu retentissaient devant nous. "Nous y sommes maintenant!"

"Eh bien, nous sommes venus nous battre", répondit Henry. "Et plus tôt la bataille sera terminée, mieux ce sera."

Mais la véritable bataille n'eut lieu que le lendemain. Alors les Français firent de leur mieux pour encercler les Anglais, et en peu de temps la lutte devint brûlante de tous côtés. Une partie du champ de bataille était constituée d'une petite ouverture et le reste des combats s'est déroulé dans la forêt. Bientôt, la fumée devint si épaisse qu'on ne voyait presque rien des deux côtés.

"Dites-vous ce qu'ils font Les Français sont sérieux ! s'écria Barringford en rechargeant son arme à feu si chaude qu'il pouvait à peine la tenir. Nous avons déjà perdu de vue les hommes .

Ce qu'il a dit était vrai. La perte avait été effroyable, et les morts et les mourants gisaient de tous côtés. Des gémissements et des cris déchiraient l'air, de manière à rendre malade le cœur le plus robuste. Le major Grant se précipitait sans se soucier du danger, donnant des instructions et faisant tout ce qu'il pouvait pour encourager ses subordonnés.

"Ne reculez pas ! La bataille est à nous !" a-t-il appelé. « Restez là où vous êtes ! » Et puis sa voix se perdit dans le crépitement des mousquetaires et les cris insensés des Indiens, venus aider les Français et voler ce qu'ils pouvaient aux Anglais.

Dave, Henry et Barringford se trouvaient derrière un arbre tombé, s'enflammant aussi rapidement que possible. Les Français étaient devant eux et les Indiens à leur gauche, et pendant quelque temps ce fut comme si un chaos s'était déchaîné. Soudain, Barringford poussa un cri.

"Canard, les garçons, canard !"

Ils tombèrent à plat et pas une seconde trop tôt, car une demi-douzaine de flèches sifflèrent au-dessus de leurs têtes. Alors le vieux frontalier se leva d'un bond.

"Je vous rembourserai !" » rugit-il. "C'est pour vous, sarpints du Malin !"

Il visa rapidement mais prudemment le leader.

Il visa rapidement mais prudemment le chef des Indiens, qui se précipitait tout droit, le tomahawk levé. Le marteau de son mousquet à silex tomba. Une terrible explosion a suivi et Barringford a été projeté à plat tandis que Dave et Henry ont également été frappés et renversés. L'arme avait explosé.

Puis, avant qu'aucun membre du groupe ait pu se remettre, les Indiens étaient sur eux, criant comme des démons et brandissant leurs tomahawks et leurs couteaux de chasse acérés.

CHAPITRE XIX

DÉFAITE DES ANGLAIS

L'explosion du mousquet avait été si inattendue que pour le moment Dave et Henry savaient à peine ce qui s'était passé. Dave sentit quelque chose le frapper au bas de sa joue gauche et leva sa main la retira couverte de sang. Henry a également été touché par un fragment volant du canon de l'arme qui lui a coupé une mèche de cheveux. Le pauvre Barringford gisait comme mort.

Avant que Dave ait pu se remettre, les Indiens étaient sur eux, criant comme si leur vie en dépendait. On lança un tomahawk sur Dave, mais la visée fut mauvaise et l'arme s'enfonça dans le rondin qui avait abrité nos amis.

Mais juste à ce moment, alors que tout semblait perdu, le champ de bataille changea et instantanément trente ou quarante tuniques rouges anglaises surgirent des bois directement derrière les Indiens. Une volée retentit et quatre hommes rouges se jetèrent en avant et tirèrent dans le dos. D'autres balles ont touché le rondin derrière lequel gisaient nos amis, mais Dave, Henry et Barringford n'ont pas été touchés.

Attaqués de manière si inattendue depuis un nouveau quartier, les Indiens parurent hébétés. Ils tentèrent de se retourner contre les soldats anglais, mais lorsque deux autres furent abattus, ils s'enfuirent sur le côté, où se trouvait une épaisse végétation de noix. Les soldats les poursuivirent aussitôt, et une nouvelle escarmouche eut lieu dans la forêt.

"Es-tu beaucoup blessé, Sam ?" » demanda Henry, lorsqu'il fut suffisamment rétabli pour parler.

"Je... je ne pense pas", fut la réponse haletante, après un long silence. Barringford ouvrit les yeux et regarda tristement la crosse de l'arme qui se trouvait à ses pieds. "Cassé ! Eh bien, par chewing-gum ! Je ne pensais pas que Old Trusty le ferait de toute façon . Tu n'as pas honte ?" Et il secoua tristement la tête. Il portait l'arme à feu depuis de nombreuses années, comme nos anciens lecteurs le savent, et le fait que l'on lui « retourne contre lui » de cette façon lui a fait plus de mal que l'explosion.

"Cela a plutôt bien brûlé votre barbe", a déclaré Dave. "Vous pouvez être reconnaissant que cela ne vous ait pas fait exploser le visage."

"Nous devons sortir d'ici !" s'écria Henri. "Tu vois, les Français arrivent !"

Henry avait raison, la colonne française était soudainement apparue sur le sommet d'une colline voisine. Ceux des Anglais qui étaient en vue reçurent un feu violent, puis l'ennemi s'avança en toute hâte. Nos amis furent assez heureux de battre en retraite et de rejoindre à nouveau le corps principal des rangers.

Malheureusement pour les Anglais, le major Grant avait divisé ses forces et, alors que le commandant français arrivait, il ordonna que le plus petit des commandements anglais soit encerclé. Cela fut fait, et bien que le major Grant fit de son mieux pour rassembler à nouveau son commandement, cela fut impossible. Les Anglais furent désespérément séparés et, à la fin des combats, le major et un grand nombre de ses officiers et hommes furent faits prisonniers.

"Nous l'attrapons et ce n'est pas une erreur", haleta Dave après une autre prise de position, au cours de laquelle Barringford s'était muni d'un autre fusil, un fusil pris des mains d'un grenadier mort. "Les Français sont sérieux."

"Les voilà qui reviennent !" s'exclama Henri. "Regardez ! regardez ! ils semblent avoir des renforts !"

Henry avait raison, et il faut admettre que l'attaque des Français, avec les Indiens sur le flanc gauche, fut superbe. Le choc de la rencontre des deux armées fut terrible, et bientôt des affrontements au corps à corps eurent lieu dans des centaines d'endroits à la fois. Les fusils et les pistolets claquaient constamment et l'air glacial de la fin de l'automne était rempli de fumée. L'herbe étant mouillée de rosée, beaucoup glissèrent et tombèrent et de nombreux soldats furent piétinés à mort par des chevaux effrayés. C'était une scène difficile à oublier et qui rappelait fortement à Dave cette autre bataille au cours de laquelle le général Braddock avait subi une amère défaite et la mort.

Et une défaite amère allait de nouveau être réservée aux Anglais. Les forces du major Grant n'étaient pas assez fortes pour résister à l'assaut combiné des Français et des Indiens et finirent par battre en retraite. Dans l'obscurité grandissante, les Anglais se replièrent, emmenant avec eux un certain nombre de leurs blessés. On ne saura jamais combien de blessés sont restés sur ce champ de bataille froid et sont morts de froid. La neige tombait maintenant et un vent se levait qui glaçait tous les soldats jusqu'aux os.

"C'est une autre victoire de Braddock", a déclaré Barringford sarcastiquement, alors qu'il boitait douloureusement, un cheval ayant marché sur la pointe de son pied gauche. "Ces habitués ne comprennent pas se battre dans les bois . Vous avez dû combattre les Indiens à la manière des Indiens, et des Français aussi. Cela ne sert à rien de vous dresser comme une cible sur laquelle on peut tirer."

"Nous avons perdu environ trois cents hommes, tués, blessés et capturés", a déclaré Dave. "Je me demande ce que le général Forbes va répondre à cela ?"

"Je pense qu'il est trop malade pour dire grand-chose", a déclaré Henry. Il parlait ainsi car le général Forbes était sur un lit de malade depuis plusieurs semaines et avait dû être transporté sur une civière chaque fois que son commandement bougeait.

La nouvelle que le commandement du major Grant avait été fouetté et repoussé, et que le major et plusieurs de ses officiers étaient faits prisonniers, fut rapidement envoyée au général Forbes, et aussitôt un conseil de guerre fut tenu. Il fut décidé que l'armée entière serait envoyée en avant sans délai, et les soldats avancèrent aussi rapidement que l'état de la route le permettait. Au moment où les renforts arrivèrent, les Français et les Indiens s'étaient retirés au fort Duquesne, pour obtenir des munitions supplémentaires et des fournitures générales, et pour prendre soin de leurs blessés et prisonniers.

Une fois de plus, Washington a insisté pour qu'une marche rapide soit effectuée vers le fort. "C'est notre seule chance de succès", a-t-il déclaré. "Dans quelques semaines, l'hiver sera sur nous et alors la campagne dans ce désert devra prendre fin."

Il n'y avait aucun doute sur ses paroles, car la neige continuait de tomber et quand il ne neigeait pas, il pleuvait et le vent devenait de plus en plus froid chaque jour jusqu'à ce que même les soldats les plus robustes commencent à se plaindre des inconforts de la vie au camp. L'armée entière partit en avant, travaillant péniblement à travers la forêt, où seule une piste indienne imparfaite ouvrait la voie. Le général Forbes était désormais plus faible que jamais et d'autres le pressaient de rentrer. Mais, plein de détermination, il refuse et continue de diriger les mouvements de son armée depuis son lit de malade. Son dévouement au devoir était merveilleux et méritait d'être rappelé.

Dave et Henry ont souffert avec les autres soldats. Souvent, la nuit venue, ils devaient se reposer dans des vêtements entièrement trempés, et le seul réconfort qu'ils tiraient de leur situation était la pensée que chaque jour de marche les rapprochait beaucoup plus de l'endroit où ils supposaient que la petite Nell était en train d'être. gardé prisonnier.

"Je ne me plaindrai pas si seulement nous la récupérons", a déclaré Henry. Et Dave a accepté chaleureusement.

Nous étions maintenant à la mi-novembre et l'hiver commençait sérieusement à s'installer. De la glace se formait sur chaque mare et ruisseau au débit lent et les tempêtes de neige étaient fréquentes, même si aucune d'entre elles n'était importante. Les nuits étaient les pires et les soldats allumaient de nombreux grands feux de camp pour se réchauffer. Une avant-garde était constamment présente pour se prémunir contre toute surprise, mais aucun Français ou Indien hostile n'apparaissait.

En fin d'après-midi, plusieurs coups de feu furent tirés au loin et une demi-heure plus tard, une petite avant-garde arriva, emmenant avec elle un certain nombre de prisonniers français et indiens. Ces prisonniers furent interrogés de près et on apprit d'eux que les Français et les Indiens du fort souffraient beaucoup de maladie et du manque de provisions, ces derniers n'ayant pas réussi à atteindre le fort Duquesne en raison des victoires anglaises dans le nord.

"Si vous vous dépêchez, vous pourrez facilement prendre le fort", dit l'un des prisonniers, qui souhaitait s'attirer les faveurs de ses ravisseurs.

Cette nouvelle fut très encourageante et il fut ordonné que le gros des soldats repartit, laissant l'artillerie et les chariots de ravitaillement arriver plus tard. La nouvelle a mis Dave et Henry de la meilleure humeur, et ils ont continué aussi vite que quiconque, avec Barringford à leurs côtés.

Mais les progrès étaient lents, car il y avait de nombreuses collines à traverser et, en se retirant, les Français avaient laissé de nombreux arbres tombés sur le chemin, et en un endroit se trouvait un écueil dangereux dans lequel l'ennemi avait jeté plusieurs loups. Quelques grenadiers tombèrent dans cet écueil et furent mordus tristement par les bêtes à moitié affamées avant d'être secourus.

Enfin , ceux qui étaient en avance estimèrent qu'ils n'étaient plus qu'à une journée de marche du fort Duquesne. Le terrain semblait familier à Dave et Barringford lui montra bientôt l'endroit où le jeune soldat et son père avaient été réunis après la bataille sous Braddock.

Bientôt, de loin, un hourra retentit, dont le volume augmentait à chaque instant. "Le fort est désert ! Les Français et les Indiens battent en retraite !"

"Est-ce que ça peut être possible ?" » jaillit des lèvres d'Henry. "Viens, découvrons-le !"

Il se précipita en avant, et Dave et Barringford le suivirent rapidement. Bientôt, ils furent à l'avant-garde, qui escaladait les arbres tombés et les broussailles et gravissait la dernière colline qui séparait les soldats anglais du fort. Il y avait une épaisse fumée devant eux et bientôt ils virent une colonne de flammes jaillir, suivie d'une sourde explosion.

"Ils ont tiré sur le fort", a déclaré Barringford . "Pensez qu'ils brûleront tout ce qu'ils ne peuvent pas transporter."

Au moment où les soldats atteignirent les environs de la forteresse, le feu était déjà faible. Seule une petite partie de la palissade avait disparu, avec un ou deux petits bâtiments et ce qui restait des magasins. Un Indien fut trouvé à proximité, souffrant d'une jambe cassée, et il annonça que le commandement français s'était retiré sur l'Ohio. Certains étaient partis quelques heures auparavant, d'autres trois jours auparavant.

"Et qu'en est-il des prisonniers qu'ils avaient ?" » demanda Henry dès qu'il en eut l'occasion.

"Les prisonniers ont été emmenés il y a trois jours."

« Y avait-il des petites filles parmi eux ?

"Oui, quatre petites filles. Une du sud et trois de l'est, avec deux femmes et quarante et un hommes", fut la réponse.

"Trois filles!" murmura Henri. "L'une d'elles devait être Nell ! Et ils les ont enlevés il y a trois jours ? Oh, Dave, j'ai bien peur que nous l'ayons perdue pour toujours !"

CHAPITRE XX

À FORT PITT—RETOUR À LA MAISON

Dave ne pouvait pas faire grand-chose pour réconforter son cousin et, à vrai dire, il se sentait presque aussi triste qu'Henry, car la petite Nell, avec ses manières lumineuses et son caractère doux, semblait plus chère à son cœur que jamais.

"C'est certainement dommage, Henry", dit-il après la fin de l'entretien avec l'Indien. "Nous pourrions suivre l'Ohio, mais s'ils ont trois jours de départ, il y a peu d'espoir que nous les rattrapions. Ils penseront que les soldats anglais les poursuivent et ils avanceront aussi fort que possible."

"Pensez-vous que le général Forbes ou le colonel Washington s'en prendront à eux ?"

Dave secoua la tête.

"Non, le général Forbes est trop malade et l'hiver approche. Il est certain qu'il se reposera sur ses lauriers."

donc avéré. Un petit détachement a été envoyé sur l'Ohio, accompagné de nos jeunes soldats et de Sam Barringford . Mais ce détachement revint au fort trois jours plus tard, n'ayant capturé que trois Indiens et un commerçant français, qui furent tous retrouvés dans un canot trop ivre pour réussir leur évasion.

Le commerçant ainsi capturé s'appelait Varlette . Il avait été autrefois attaché au poste de traite de Jean Bevoir . Dave connaissait l'homme, l'ayant rencontré alors qu'il tirait avec Barringford .

De Varlette, ils obtinrent l'information que Jean Bevoir se trouvait au Fort Duquesne, après le raid contre les maisons des Morris , Uriah Risley et d'autres. Certains des actes sanguinaires de Bevoir avaient été rejetés par le général français en autorité, et, dans une sorte de rage, Bevoir s'était enfui, avec ses partisans indiens et leurs prisonniers.

"Maintenant, il lui faut devenir le chef rapide des Indiens", a déclaré Varlette . " Cela lui conviendra et lui rapportera beaucoup d'argent, car il nous ferons payer beaucoup d'argent aux peuples autochtones pour les prisonniers.

« Le méprisable coquin ! s'écria Barringford . "Si les rangers s'en prennent à lui, ils le pendront plus haut ni la queue d'un cerf-volant, écoutez-moi !"

"Il méritera d'être pendu s'il abuse de la petite Nell et des autres", répondit Henry.

Dès que cela fut possible, le fort fut entièrement réparé et le nom fut changé en Fort Pitt, en l'honneur du premier ministre d'Angleterre. Aujourd'hui, ce territoire est couvert par la ville de Pittsburg, avec ses gigantesques usines sidérurgiques. Quel changement radical par rapport aux forêts solitaires d'il y a moins de cent cinquante ans ! Appelé alors l'Ouest, ou encore le Pays de l'Ouest, Pittsburg est désormais considéré comme étant à l'Est. C'est ainsi que notre pays s'est développé.

La prise du fort Duquesne mit fin aux campagnes de 1758. La prise de cette place forte fut saluée avec joie par tous les colons de cette partie des colonies, et ils s'empressèrent de reprendre possession des fermes qui leur avaient été forcées. abandonner au cours des deux ou trois années précédentes.

Dès que la victoire du fort Duquesne assura la paix sur la frontière pour quelque temps encore, Washington se retira des troupes coloniales et retourna à Mount Vernon, dans le grand domaine laissé par son frère et qui réclamait maintenant son attention. On peut ajouter ici que peu de temps après, il épousa Mme Custis, connue plus tard de tous sous le nom de la douce et aimante Martha Washington. Ce fut la dernière apparition de Washington sur les lieux de bataille pendant la guerre française et anglaise. La prochaine fois qu'il prit l'épée, ce fut pour l'indépendance américaine.

Ce n'est qu'au début du printemps que Dave et Henry furent libérés de leurs fonctions et retournèrent avec un certain nombre de miliciens à Winchester. Leur arrivée fut accueillie avec ravissement par Mme Morris et les autres, même si tous étaient abattus à l'annonce de la disparition de la petite Nell.

Il a été constaté que Joseph Morris se portait bien et que Rodney se sentait mieux que jamais. James Morris s'était rendu à la ferme et avait déjà coupé le bois pour une autre cabane, pour remplacer celle incendiée.

"J'ai également rassemblé la plupart de notre bétail et j'ai tous nos chevaux et un nouveau lot de poulets et de porcs", a-t-il déclaré. "Ainsi, même si nous avons perdu beaucoup, notre situation n'est pas aussi mauvaise que nous pourrions l'être. La pire perte concerne les meubles que nous avons apportés ici quand nous sommes arrivés, il y a des années. Ils venaient d'Angleterre et d'Allemagne et ne peuvent pas être remplacés. . Mais je compte acheter quelques pièces de fantaisie pour sœur Lucy d'Annapolis, donc les choses auront l'air plutôt familiales après un certain temps . "

"Oh, James, tu es très bon !" s'écria Mme Morris. "Mais ce ne sera pas chez moi tant que Nell n'y reviendra pas."

Quelques semaines plus tard, nous avons trouvé tous les Morris à la ferme, si l'on peut appeler ainsi cet endroit. L'endroit incendié avait été soigneusement nettoyé par James Morris et un abri temporaire avait été construit à partir d' une nouvelle étable. Ici, la famille est allée vivre pendant que les hommes et les garçons commençaient la construction de la nouvelle cabane. Rodney ne pouvait pas accomplir un travail aussi dur mais restait occupé avec le bétail et la volaille ; et ainsi plusieurs semaines s'écoulèrent rapidement.

Le travail de menuisier plut à Dave et il se mit au travail pour fabriquer des portes et des cadres de fenêtres, ainsi que plusieurs bancs et une table ou deux, tandis que les autres s'occupaient de l'élévation de la charpente de la cabine, du toit et des panneaux latéraux. Bientôt, la cabane fut prête à l'emploi et ils emménagèrent, puis M. James Morris fit plusieurs voyages à Winchester et un à Annapolis, emmenant Henry avec lui, pour acheter les cent et une choses qui étaient nécessaires et qui avaient été brûlées ou brûlées. enlevée par les Indiens et leurs alliés français. Pendant ce temps , Mme Morris s'occupait à tisser un nouveau tapis en chiffon et des serviettes, et à confectionner quelques vêtements nécessaires, car acheter beaucoup de ces choses était, à cette époque, hors de question. Ensuite, Dave et Henry sont allés à la chasse et ont abattu plusieurs cerfs et un certain nombre de lapins et de renards, et une fois, alors qu'ils étaient avec Sam Barringford , tous les trois ont abattu un ours, et ces peaux ont toutes été correctement tannées puis utilisées pour des couvre-lits et des tapis. .

A son retour d'Annapolis, James Morris apporta la nouvelle d'une nouvelle campagne contre les Français.

"Nous visons la conquête totale du Canada", a-t-il déclaré. "Le major-général Amherst a été mis à la tête de toutes les forces britanniques, et l'armée doit être divisée en trois parties, une sous les ordres de Wolfe contre Québec, une autre sous les ordres d'Amherst lui-même contre Ticonderoga et Crown Point, et une troisième sous les ordres du général Prideaux , qui est de marcher contre le fort Niagara. »

"Hourra!" cria Henry, "J'espère que nous prendrons Niagara. Si nous le faisons, cela coupera entièrement les Français de l'Ohio et du Mississippi, et ce terrain sera plus sûr que jamais."

« Est-ce que Fort Niagara est sur la rivière Niagara ? » interrogea Mme Morris.

"Il est situé sur la rive est de la rivière, juste à l'endroit où ce ruisseau se jette dans le lac Ontario", a répondu son mari. "Je comprends que c'est une place forte de première classe - une meilleure vue que ne l'était le fort Duquesne. Le général Prideaux n'aura pas la tâche idiote de le réduire."

"Je ne vois pas comment il va y arriver, à moins qu'il ne parte de Fort Duquesne et ne se fraye un chemin à travers les terres indiennes", a déclaré Rodney. "S'il essaie, il aura certainement les mains pleines."

"Non, il ne doit pas suivre cette voie", fut la réponse de James Morris. "Il monte d'abord à Albany et de là traverse la vallée de la Mohawk jusqu'à Oswego. À Oswego, si tout est favorable, il se dirigera vers l'ouest jusqu'à Fort Niagara. Ils ne l'ont pas dit, mais je pense qu'il passera par " L'eau d'Oswego à Niagara. S'il avait les bateaux , ce serait la route la plus sûre et la plus rapide. "

« Est-ce qu'il va emmener des rangers avec lui ? » questionna Dave avec impatience.

"Pourquoi, Dave, veux-tu redevenir soldat ?" » demanda son père en se tournant pour étudier le visage de son fils.

"Oui, monsieur", fut la réponse rapide. "Je vais vous dire pourquoi. Tant que le Canada restera invaincu, il y aura des problèmes ici et ailleurs. Mais une fois que nous aurons montré aux Français que nous sommes les maîtres en Amérique, nous n'aurons plus de problèmes, ni avec eux ni avec eux. avec les Indiens. J'interviens pour régler l'affaire, et je le fais à fond et immédiatement aussi.

« Gallinippers ! s'écria Barringford , qui se tenait là, huilant son mousquet à silex. "Dave, tu es un avocat ordinaire , pends-moi si tu ne l'es pas ! Et le débat est juste à la cheville aussi. Les Français ne sauront pas qu'ils sont battus jusqu'à ce qu'on les lèche bien et " dur, et j'y vais pour faire " le léchage " tout de suite. Puis, une fois que c'est fait, nous avons mis en place une " charrue, " et " élevons du bétail, " chassons et " piègeons en paix, - et " les Indiens Celui qui veut élever un sculpture tous les dix minutes va maintenant s'asseoir sur une souche d'arbre et fumer sa pipe et regarder, " et Barringford secoua la tête avec sérieux. " Ce n'est pas nécessaire de parler ", a-t-il poursuivi. " C'est comme construire un barrage sur un ruisseau : vous l'endiguez à moitié serré et la première pluie battante brisera le barrage en morceaux ; mais vous l'endiguez bien et " durement " et il restera collé, peu importe la force avec laquelle il pleut et par-un "-au bord de l'eau découvriront qu'il faut suivre une nouvelle voie - et "les Français et les Indiens découvriront qu'ils doivent laisser les Anglais tranquilles. Je ne suis pas très attaché à l'édication , mais je suis proche sortez -le, et je suis si proche de tout homme dont la tête est à niveau », et Barringford a recommencé à huiler son arme.

James Morris avait beaucoup à raconter ce soir-là : de ses nombreux achats et des discours de guerre qu'il avait entendus à Annapolis et dans d'autres villes qu'il avait visitées. Lui aussi était intéressé par l'expédition contre le fort Niagara, car il estimait que si la puissance française était brisée dans cette direction , il serait en mesure de retourner à son poste de traite sur la Kinotah sans trop craindre d'être molesté par les Français ou les Indiens.

Il était tard dans la nuit lorsqu'un coup soudain retentit à la porte de la cabine. Tous se levèrent avec effroi, et chacun des hommes et des garçons prit son arme à feu, qu'ils avaient l'habitude d'avoir à portée de main.

"Qui est là?" » demanda James Morris.

"C'est moi... Uriah Risley ", dit la voix bien connue de l'Anglais. "Laissez-moi entrer. J'ai de bonnes nouvelles."

Aussitôt, la porte de la cabine fut déverrouillée et repoussée. Tous se pressèrent pour voir Uriah Risley dehors, à cheval. À côté de lui, également à cheval, se trouvait sa femme, pâle et maigre, simple ombre d'elle-même, mais toujours capable de monter seule.

"Eh bien, je le déclare, Caddy Risley !" » a crié Mme Morris, et elle a couru pour saluer la femme. "Est-ce vraiment toi ou ton fantôme ?"

"C'est vraiment moi", fut la réponse, "même si je me sens parfois comme un fantôme, je suis si mince."

"Mais pitié de nous ! Où étiez-vous... avec les Indiens ?"

"Avec eux et avec les Français. J'ai d'abord été avec les Indiens - pendant plusieurs semaines - puis des soldats français m'ont secouru. Ils m'ont livré à des commerçants juste avant une bataille avec les Anglais, puis aux Indiens et à quelques Français sous les ordres des Français. Jean Bevoir m'a rattrapé. Ils m'ont emmené à travers la vallée de la Mohawk jusqu'au lac Ontario, et là j'ai rencontré beaucoup d'autres prisonniers, votre Nell avec eux.

« Nel ! » le nom sortit simultanément de plusieurs lèvres.

"Oui, Nell et les jumelles Rose. Elles étaient avec des Indiens qui sont sous la coupe de Bevoir ."

"Et qu'en est-il de Nell maintenant ?" » demanda rapidement Mme Morris.

"Je pense qu'elle est toujours avec les Indiens. Un jour, un soldat français est arrivé et m'a emmené dans une pirogue. Il voulait m'épouser, mais je lui ai dit que j'étais déjà mariée, puis il m'a déposé à terre dans le désert. Je J'ai parcouru des kilomètres et des kilomètres, jusqu'à ce que je sois si fatigué que je pouvais à peine me tenir debout et que je mourais presque de faim, lorsque je suis tombé sur des colons allemands. Ils m'ont emmené à Fort Stanwix et de là j'ai été emmené à Albany, et finalement j'ai été emmené à Albany. " Je me suis rendu à Philadelphie, puis je suis arrivé ici. Uriah et moi nous sommes rencontrés à Winchester. "

"Oui, et j'ai failli mourir de joie", répondit l'Anglais. "C'était comme la sortir de la tombe. Au début, je n'en croyais pas mes yeux. Mais c'est vraiment et véritablement ma bonne épouse, et je prie Dieu que nous ne soyons plus jamais séparés", a conclu Uriah Risley avec révérence.

CHAPITRE XXI

EN ROUTE VERS L'ARMÉE

Une fois à l'intérieur de la cabine, Mme Risley raconta son histoire en détail, à laquelle les autres prêtèrent la plus grande attention. Ses épreuves avaient été grandes, et les larmes de sympathie coulaient rapidement sur les joues de Mme Morris tandis qu'elle écoutait, et les autres étaient également touchés.

"C'était assez pour vous tuer", a déclaré Mme Morris en conclusion. "Mais maintenant que vous êtes de retour, sain et sauf, nous ferons de notre mieux pour vous. Vous pouvez rester ici jusqu'à ce que votre mari construise une autre cabane et mette tout le reste en état pour vivre sur votre terre." Et ainsi c'était réglé.

Lorsque Dave et Henry se retirèrent une fois de plus, ce n'était pas pour dormir mais pour parler à voix basse, le sujet de la conversation étant la petite Nell et les jumeaux qui l'accompagnaient.

"Je vais faire ce que je peux pour la sauver", a déclaré Henry. "Ça me fait bouillir le sang de penser qu'elle fait partie de ces sales peaux-rouges et de ces Français."

"Je crois que la meilleure chose que nous puissions faire est de rejoindre l'armée sous les ordres du général Prideaux ", a déclaré Dave. "Ses forces traverseront très probablement la vallée de la Mohawk jusqu'au lac Ontario, puis longeront le lac jusqu'à Fort Niagara, juste le territoire où doivent se trouver ces Indiens et ces Français."

"J'ai une autre idée", dit Henry après une pause réfléchie. " J'ai reçu la nouvelle par White Buffalo. Le général Johnson a été chargé de soulever les Indiens de la vallée Mohawk et de les amener à se joindre à l'attaque du Fort Niagara. White Buffalo et ses partisans vont rejoindre les forces de Johnson. Pourquoi ne pas y aller ? " avec les hommes blancs dans cette foule ? Nous serons sûrs d'en entendre davantage sur ces Indiens et les commerçants français de cette façon que si nous y allions avec l'armée régulière.

"Mais s'entraîner avec les Peaux-Rouges, Henry !"

"Nous n'avons pas besoin de nous entraîner avec eux . Il y aura au moins une douzaine d'hommes blancs dans la foule et nous pourrons les accompagner. J'ai rencontré un jour le général Johnson. C'est un Irlandais au grand cœur, plein de bon sens et de bon sens, et Je sais que nous pourrions nous entendre avec lui. Et quand il entendrait notre histoire , il pourrait se mettre en quatre pour nous aider.

Ainsi les jeunes parlèrent jusqu'à ce qu'ils s'endorment enfin, rêvant de combats acharnés avec les Français et les Indiens et de sauvetages audacieux de la petite Nell. Mais ce n'étaient que des rêves. Ils ne se rendaient pas compte combien de difficultés et de périls réels les attendaient encore.

Dans la matinée, Dave a insisté pour en parler avec Sam Barringford . Ils trouvèrent le vieux chasseur suffisamment prêt à écouter ce qu'ils avaient à dire.

"Je suis avec toi!" s'exclama-t-il après qu'ils eurent fini. "Ce n'est pas un mauvais plan , non plus . Je connais Sir William Johnson comme un livre - le fait est que je le connais bien mieux que n'importe quel livre. Comme vous le dites, il a une âme entière et plein de bon sens. Le Les Indiens l'aiment comme ils aiment peu d'hommes blancs, et tout cela parce qu'il les a traités . fa'r et carré '. Pourquoi il a fait plus pour le gouvernement anglais ni pour une douzaine de commissaires aux Indiens réunis. Il sait très bien comment les gérer , et il se fait des amis ou des ennemis presque avant que vous puissiez tendre la main. Oui, allons vers lui par tous les moyens et je vous garantis que lorsque vous lui raconterez toute l'histoire, il enverra des Indiens à la recherche de la petite Nell et des jumelles Rose.

Cet après-midi-là, le sujet fut porté à l'attention de toute la famille. Mme Morris ne savait pas si elle devait être heureuse ou désolée, mais à la fin , elle a dit aux garçons de partir, mais d'être prudents et de ne pas courir de danger inutile, et en privé, elle a demandé à Barringford de les surveiller attentivement.

"Je ferai de mon mieux, madame", a déclaré le frontalier. "Et si j'y arrive, ils vous reviendront indemnes. Mais ils sont brûlants quand ils tracent une piste qui leur convient , vous le savez aussi bien que moi."

Les préparatifs furent aussitôt faits pour leur départ. Dave et Henry étaient tous deux équipés de nouvelles combinaisons de chasse du modèle habituel des trappeurs et chacun emportait le meilleur fusil qu'il pouvait se procurer. Sam Barringford avait acheté un autre fusil, qu'il baptisa Old Trusty No. 2. Ils allèrent à pied, ne sachant pas si leurs progrès avec les Blancs et les Indiens leur permettraient de monter à cheval.

Entre- temps , il fut décidé que James Morris resterait à la cabane pour terminer la construction et faire les plantations, donnant ainsi à son frère suffisamment de temps pour retrouver sa santé et ses forces, et facilitant également la tâche de Rodney, qui au cours des dernières années des semaines avaient travaillé plus dur que ce qui était bon pour sa constitution.

"Au revoir, mon fils", dit James Morris, lorsque le trio fut prêt à partir. "Soyez prudent, mais n'oubliez pas que nous comptons sur vous pour ramener la petite Nell, si une telle chose est possible ;" puis Mme Morris a embrassé les garçons ; et le long voyage vers ce qui avait été le pays indien commençait.

Dave se sentait quelque peu sobre tant qu'ils étaient en vue de la cabane nouvellement construite, mais lorsque la dernière colline de terrain fut franchie et qu'ils eurent fait leurs adieux, auxquels Mme Morris avait répondu par un geste de son tablier, son les esprits revinrent, et bientôt lui, Henry et Barringford discutaient comme si rien d'extraordinaire ne se produisait, mais au fond de leur cœur, chacun sentait que cette recherche de la petite Nell allait s'avérer une tâche sérieuse et, très probablement, dangereuse. entreprise.

« Où est Sir William Johnson maintenant ? » demanda Dave tout à coup, après avoir parcouru plusieurs kilomètres de sentier à travers la forêt.

"Quelque part près de Fort Johnson", répondit Barringford . "Il veut que les Six-Nations rejoignent l'armée du général Prideaux, soit à Fort Stanwix, soit à Oswego, si Prideaux parvient à arriver jusque-là. Johnson est le meilleur homme qu'ils puissent envoyer aux Indiens."

« Est-ce que tu es déjà sorti avec lui ? demanda Henri.

" Souvent, mon garçon. C'est aussi un grand chasseur, laissez-moi vous le dire : il peut frapper la cible à cent pas sans même essayer. Et quand il s'agit de danser une danse de guerre indienne , il peut le faire aussi. "

"Et pourtant c'est un noble irlandais !"

"Oui, j'admets qu'il est un étrange mélange d'hommes. Mais ce mélange fait de lui le type idéal pour les peaux-rouges. Il les comprend - en haut, en bas et sur les côtés, comme le dit le proverbe. Il fait appel à leur cerveau comme ainsi que leurs instincts - et quand il se fait des amis avec eux, ils sont prêts à donner leur vie pour lui. En 1756, il fut nommé unique surintendant des Indiens des Six-Nations et il fit un voyage périlleux jusqu'à Onondaga leur capitale, et est resté avec eux deux semaines et leur a fait jurer qu'ils resteraient neutres. C'était une grosse plume dans son chapeau. Puis l'année suivante, il rejoignit Webb à Fort Edward avec certains de ses Indiens, mais il Il était trop tard pour faire quoi que ce soit, même si j'ai entendu dire qu'il était plus que disposé à se battre. Il était également présent pour combattre Montcalm quand Abercrombie a attaqué Ticonderoga, mais ses trois cents Indiens n'ont pas vu l'utilité d'être massacrés en plein air. à midi et ils ont refusé de se battre, bien qu'ils aient dit à Johnson qu'ils participeraient à la bataille à leur manière.

"C'est étrange que les soldats anglais ne puissent pas se battre comme nous", dit Henry. "Je n'arrive vraiment pas à comprendre. Ils sortent à découvert et l'Indien se met derrière un arbre, et qui a le meilleur ? Certainement pas l'homme à découvert."

"Je pense que les soldats anglais ont appris une leçon ou deux", a déclaré Dave. "Je ne crois pas que vous verrez le général Prideaux marcher sur Fort Niagara en plein soleil."

Ils traînaient à travers une forêt dense, avec des arbres de tous côtés, levant la tête de trente mètres et plus vers le ciel. Des racines gigantesques s'étalaient de tous côtés et il fallait se frayer un chemin avec précaution, de peur de tomber tête baissée ou de se fouler la cheville. Le temps était clair et modérément chaud, et il aurait été encore plus chaud si la lumière du soleil les avait atteint.

" Il y a des années , c'était un superbe terrain de fer b'ar ", a déclaré Barringford , alors qu'ils se reposaient pour leur déjeuner de midi, mangeant des choses qu'ils avaient emportées de la cabane. "Il y a une grotte à environ trois kilomètres d'ici où se trouve le b'ar Il faut se rassembler au nombre de quinze ou vingt. Mais la grotte a été nettoyée tellement de fois qu'il ne restera probablement plus aucun b'ar ."

« On va s'approcher de la grotte ? » » questionna Dave. "J'aimerais jeter un œil sur place."

"Oui, nous allons faire du mastic plus près, mon garçon. Mais tu ne veux pas perdre de temps en plaisanteries maintenant, n'est-ce pas ?"

"Non, à moins que cela ne soit très facile. Si nous obtenions un ours , cela nous donnerait de la bonne viande à emporter, et nous pourrions vendre la peau à Cherry Run."

" Il n'y a pas de bar là-bas, j'en suis sûr. Mais nous pouvons nous arrêter et voir – plaisanter par curiosité . "

Ils ne se reposèrent pas longtemps, car ils désiraient rejoindre le général Johnson le plus tôt possible et savaient qu'il leur faudrait au moins deux semaines pour faire le voyage. Ils se trouvaient sur un terrain ascendant, mais bientôt ils empruntèrent un chemin descendant, rempli de rochers bruts et de pierres meubles, où l'équilibre était loin d'être sûr.

"La grotte est là-bas", a déclaré Barringford en désignant la main. " L'ouverture est de l'autre côté. Venez, je vais vous montrer le chemin. Et préparez vos fusils, au cas où un b'ar surviendrait. "

Après cela, on n'en dit plus rien, et ils s'avancèrent côte à côte, afin que personne ne puisse gêner le but d'un compagnon. Il y avait un léger sous-bois entre les rochers, mais pour la plupart seuls de grands arbres, nus sur une distance de trente pieds vers le haut, marquaient l'endroit.

Soudain, Barringford leva la main pour avertir ses compagnons. Tous s'arrêtèrent et écoutèrent, tout en tendant les yeux pour voir ce qui pourrait les attendre. Ils entendirent un bruit sourd, suivi d'un autre, puis tous redevinrent aussi silencieux qu'avant.

"Qu'est-ce que c'était?" murmura enfin Dave.

"Un animal sauvage", répondit Barringford d'un ton également bas. "Mais ne compte pas à quel point c'était un b'ar ."

Ils attendirent encore un moment, puis le vieux chasseur prit de nouveau la tête. Il y avait plusieurs gros rochers à traverser, puis ils contournèrent une extrémité de la grotte qui, au sommet, avait la forme d'un énorme œuf rocheux.

"Un cerf!" s'écria Henri. "Attention!"

Tous regardèrent et virent un magnifique cerf debout près de l'entrée de la grotte, regardant prudemment vers l'avant. Soudain, un renard sauta par l'ouverture et le cerf recula, alarmé.

Claquer! Ce fut le bruit du fusil de Barringford et le cerf sauta haut dans les airs pour tomber mort immédiatement après.

"Un bon coup..." commença Henry, lorsqu'un bruit derrière lui le fit se retourner rapidement. Ce qu'il vit le remplit d'horreur. Un énorme cerf le regardait depuis l'extrémité opposée de l'éminence rocheuse. Une seconde plus tard, le cerf chargea la foule, se précipitant en avant avec ses bois baissés et avec la rapidité du vent.

CHAPITRE XXII

LE COMBAT AVEC LE BUCK

"Attention!"

Ce furent les seuls mots qu'Henry eut le temps de prononcer et, lorsqu'ils quittèrent ses lèvres , il sauta de côté aussi rapidement que possible.

Comprenant à peine ce que Henry voulait dire, Dave et Barringford tinrent bon, regardant d'abord dans une direction puis dans une autre.

À l'instant même, le gros sous s'est manifesté. Sa précipitation était dirigée vers Henry, mais manquant cette jeunesse, il a continué avec un plongeon sauvage, directement entre Dave et Barringford .

"Un dollar!" » a crié le frontalier. "Reculez, Dave, et faites vite!"

Lui-même s'est mis à courir, rechargeant son fusil au fur et à mesure. Dave voulait faire ce qui lui était demandé, mais il avait été tellement surpris qu'avant de pouvoir tourner son talon coincé dans un rocher et tomber à plat sur le dos. Son arme appuya sur la gâchette et partit, la charge déchirant le sommet de la grotte jusqu'aux branches d'arbres au-delà.

Dave était maintenant impuissant et, à vrai dire, la chute l'avait plus qu'à moitié étourdi, car sa tête tombait sur un endroit qui était loin d'être doux et confortable. Qui plus est, avec un fusil vide, il ne pouvait pas faire grand-chose pour se défendre.

Le gros mâle s'était maintenant arrêté et avait fait demi-tour. Il se tenait debout, comme s'il ne savait pas s'il devait renouveler l'attaque ou prendre la fuite. Puis il regarda son compagnon et une étrange lumière rouge brillait dans ses yeux en colère. Il fut « frappé de sang », comme disent les vieux chasseurs, et, prenant une inspiration brusque et sifflante, il bondit de nouveau en avant, droit sur Dave, qui essayait maintenant de se relever.

Il bondit une fois de plus, directement vers Dave.

Claquer! C'est maintenant l'arme d'Henry qui a parlé, et même si la visée n'était pas la meilleure (car Henry était excité parce que Dave courait un si grand péril) le chevreuil a été touché à l'épaule et grièvement blessé. Il sauta en arrière et dans les airs, et lorsqu'il redescendit, il leva sa patte avant droite comme s'il ressentait une douleur intense. Mais il était toujours plein de combativité et maintenant il revenait, avec des yeux brillants plus dangereusement que jamais.

Dave n'a pas eu le temps de se lever, alors il a fait la meilleure chose à faire, c'est-à-dire se retourner encore et encore, jusqu'à ce qu'un bouquet de broussailles arrête sa progression. Puis il se glissa dans les broussailles et se fraya un chemin vers l'autre côté.

Le gros mâle est arrivé et a frappé les broussailles d'un coup assourdissant qui a fait voler les tiges et les brindilles dans toutes les directions. Puis l'animal recula et se dirigea vers Henry, qui avait commencé à recharger.

Tout cela s'était produit plus rapidement que je ne peux le raconter, mais cela avait donné à Barringford suffisamment de temps pour jeter de la poudre et des balles dans son arme et réparer l'amorçage. Le vieux chasseur s'approcha alors du flanc du cerf et s'enfuit une fois de plus, droit vers ses yeux rougeâtres.

Le coup de feu fut révélateur, car il arracha complètement un œil et endommagea gravement l'autre. Le mâle s'arrêta de nouveau , puis revint lentement et commença à s'éloigner en chancelant. Mais il ne pouvait pas voir et, un instant plus tard, il frappa les rochers de la grotte avec un fracas qui pouvait être entendu à une distance considérable.

« Bien pour toi, Sam ! » s'écria Henry, qui rechargeait maintenant. "Je pense que nous l'avons."

"Ne soyez pas trop sûr", répondit le vieux chasseur. "Il a encore beaucoup de combativité en lui."

Barringford avait raison, car une fois de plus, la responsabilité se retourna et maintenant, apercevoir Barringford à travers le sang de ses blessures constituait un grand pas en avant pour le pionnier. Mais Barringford fut trop rapide pour lui et sauta de côté, sauta sur les rochers de la grotte, convaincu que le cerf blessé ne pouvait pas le suivre jusqu'à cet endroit.

À ce moment-là, Henry avait rechargé, et, voyant sa chance, il courut et laissa échapper le cou du mâle. Ce coup fut fatal, et se balançant pendant plusieurs secondes, la magnifique bête tomba enfin sur le côté et rendit son dernier soupir.

"Est-ce qu'il... il est mort ?" » venait de Dave, alors qu'il se retirait de l'enchevêtrement des broussailles.

"Je pense que oui", répondit son cousin. "Mais nous ferions mieux de nous en assurer. Les dollars sont parfois très délicats."

Sortant son couteau de chasse, Henry s'avança et égorgea le gibier. Alors Barringford sauta des rochers et tous allèrent inspecter le cerf.

"Un véritable monarque de la forêt !" s'écria Dave avec enthousiasme. "Je ne sais pas, car j'en ai déjà vu un plus grand."

"Moi non plus", a ajouté Barringford . "Et c'était aussi un combattant, n'est-ce pas ?"

"Nous avons maintenant plus de viande de cerf que nous ne savons quoi en faire", a poursuivi Dave.

"Nous ne voulons pas de la viande de ce mâle", a déclaré Henry. "Ce serait aussi difficile que de s'en sortir. Nous pouvons prendre la peau et un peu de viande de ce cerf, et cela suffira ; tu ne le dis pas, Sam ?"

"Tu as raison, mon garçon."

Tous étaient expérimentés dans le travail à accomplir, il ne leur fallut donc pas longtemps pour écorcher les deux bêtes, puis la meilleure viande de cerf fut découpée par Barringford et enroulée dans l'une des peaux.

Après cela, la marche en avant reprit.

Cette nuit-là, ils dormirent en plein air, près d'un généreux feu de camp, sans être dérangés, et au lever du soleil ils reprirent la route. Ils atteignirent Cherry Run, un ensemble d'une demi-douzaine de cabanes, un peu après midi, et y échangeèrent les peaux et un peu de viande contre d'autres choses plus importantes pour eux.

"Il y a ici un chasseur hollandais qui va rejoindre le général Johnson", dit le pionnier qui leur a donné d'autres choses en échange de leurs peaux. "Son nom est Hans Schnitzer. Peut-être qu'il aimerait vous accompagner, si vous le voulez."

"Quoi, vieux Hollandais Hans, le chasseur de castors !" s'exclama Barringford . "Pourquoi, certainement, j'aimerais qu'il soit avec nous. C'est plus amusant en lui ni dans un tonneau de guêpes. Où est-il ?"

"Il est ici", fit une voix derrière Barringford , et un petit et gros individu s'avança. Ses cheveux étaient roux et sa barbe portait la même couleur. Au-dessus de deux joues hâlées apparaissaient deux petits yeux bleus, toujours scintillants. Il était vêtu du costume typique du pionnier de l'époque, des leggings en peau de daim, une casquette en peau de coons et tout.

" Alors tu penses que tu oses plus t'amuser en me faisant passer un parrel de vasps , hein ?" » poursuivit le trappeur hollandais. " Vell , que diriez -vous de dot dime si vous alliez au nid de dot pird dans le trou creux et que vous mettiez votre main py ça Un nid de vaspes , hein ? Ce n'est pas drôle, hein ? Ha! Ha! Ha! Je vois encore un point : tu danses partout comme si tu étais un marin sur un cornet de cornemuse, hein ? »

"Mon Dieu ! n'en parle pas, Hans," répondit Barringford avec regret. "Je peux encore sentir ces satanées guêpes, car elles font la guerre la plus grosse que j'aie jamais rencontrée. Mais dis-le, mon vieux, je suis carrément content de te voir - et après tous les combats , nous avons été un - avoir ' aussi. Je suppose que vous vous êtes déchaîné, n'est-ce pas ?

« Vraiment, je le pense ainsi », dit Hans Schnitzer. "Je suis là pour Mohawk Valley, et je me suis lancé dans neuf combats par von veek vonce , et quatorze combats après le point. » Il ôta sa casquette. « Vous voyez le point ? C'est là que deux Indiens ont essayé de me tuer – avec un tomahawk et le pis avec son couteau shcalpin – pensant que je suis mort. Mais je n'étais pas mort. J'ai craqué et j'ai " Rasseled et rasselled , et j'ai eu la poth vers le bas ven , vous pensez ? — Cheneral Johnson lui-même est venu — et pointez votre dernière dose de mastic indien vite, je peux vous tolérer. "

"Bien pour le général", a déclaré Barringford . Puis se retournant, il présenta Dave et Henry, et une conversation générale s'ensuivit. Dès le début, les garçons aimèrent Hans Schnitzer et, ayant souvent entendu parler du comique trappeur hollandais, ils se sentirent vite à l'aise avec lui. Schnitzer savait exactement où se trouvait le camp de Sir William Johnson et promit d'y emmener le groupe par le sentier le plus court et le plus facile.

Le groupe de quatre personnes a quitté Cherry Run tôt le lendemain matin, chacun de la meilleure humeur, Schnitzer fredonnant gaiement une chanson de la patrie. Le sentier menait presque plein nord, jusqu'à atteindre un petit ruisseau. Ici, dans un endroit pratique, le trappeur hollandais avait caché un canot. Ils y entrèrent et suivirent le ruisseau sur une distance de trente milles, puis ils repartirent à pied, cette fois à travers les collines menant à la magnifique vallée de la Mohawk.

Les jours se passèrent sans que rien d'inhabituel ne se produise. Le gibier était disponible en abondance, et Henry avait souvent mal au cœur de le laisser derrière lui sans tirer.

"Un vrai paradis !" il a dit. "Quand cette guerre sera terminée, comme j'aimerais venir ici et traîner quelques semaines. Je pense que cela en vaudrait la peine ."

"Vous trouverez du gibier tout aussi abondant au poste de mon père sur le Kinotah ", répondit Dave. "Si mon père parvient un jour à récupérer le courrier, tu devras faire un voyage là-bas avec moi."

Depuis qu'il a quitté la maison, Dave voulait voir un ours et un jour, juste avant le coucher du soleil, son souhait a été exaucé. Mais le gibier était trop loin pour qu'on puisse tirer, et avant qu'ils aient pu s'approcher, l'ours s'enfuit et s'écrasa hors de vue dans les broussailles.

"Peu importe, mon garçon, nous irons b'ar " Je vais chasser un autre jour", dit Barringford d'un ton consolateur. "Pour le moment, nous avons d'autres terres à charrue, comme on dit ."

Au bout de dix jours, le voyage commença à devenir ennuyeux pour les garçons, et ils furent heureux lorsque Schnitzer annonça qu'un autre jour les amènerait très probablement en vue du camp du général Johnson.

Cette nuit-là, ils campèrent sur la rive du Mohawk, dans un endroit idéal couvert de broussailles et de quelques bois. Tous étaient très fatigués, car la journée avait été longue, et Dave et Henry étaient heureux lorsque les préparatifs du dîner étaient terminés et qu'il n'y avait plus rien à faire que manger et dormir.

Le temps avait été clair, mais avec l'arrivée de la nuit, le ciel s'était couvert de nuages, indiquant qu'un orage n'était pas loin, même si ni Barringford ni Hans le trappeur ne pensaient qu'il pleuvrait avant le matin.

" Même si ça arrive, je pense que ça viendra fort " , a déclaré Schnitzer. " Peut-être qu'il pleuvra pendant deux ou cinq jours, hein ?"

"Oh, j'espère qu'il ne pleuvra pas aussi longtemps que ça !" s'écria Dave. "Eh bien, nous allons être noyés."

Le bois fut empilé sur le feu, et un peu plus tard, tout le monde se reposa, et il ne fallut pas longtemps à Henry et Dave pour atteindre le pays des rêves. Ils gisaient d'un côté de la joyeuse flamme tandis que les deux hommes gisaient de l'autre. Le vent soufflait la fumée du feu directement de l'autre côté de la rivière, donc cela ne les dérangeait pas.

Dave dormait depuis trois heures lorsqu'il s'est réveillé soudainement et a toussé. Pensant qu'il risquait d'être étouffé par la fumée, il se redressa et regarda le feu. Le vent avait légèrement tourné, mais pas suffisamment pour causer des dégâts.

"Cela ne sert à rien de réveiller les autres", pensa-t-il. "Ils ont besoin de tout le sommeil possible. Ce bois est sur le point de brûler de toute façon, donc il n'y aura plus beaucoup de fumée."

Il était sur le point de se recoucher, lorsque le claquement de quelques broussailles derrière lui attira son oreille. En se retournant, il aperçut un Indien accroupi dans les buissons et le regardant. Puis vint un bruit venant d'une autre direction et quatre autres hommes rouges apparurent. Tous étaient armés de fusils et Dave se rendit aussitôt compte que le camp était encerclé.

CHAPITRE XXIII

DANS LA VALLÉE DE MOHAWK

"Henry ! Sam ! Schnitzer ! Réveillez-vous ! Le camp est entouré d'Indiens !"

Dave poussa le cri fort et, à l'instant même, Barringford se leva d'un bond, attrapant son arme toujours prête. Le trappeur hollandais fut également réveillé peu de temps après, et Henry le suivit.

« Des Indiens ? » demanda Barringford . " Quoi ? "

"Dans ces buissons et derrière les arbres là-bas. Que ferons-nous ?"

Avant que le vieux pionnier puisse répondre à cette question, une voix sortit de l'obscurité :

« Les hommes blancs sont-ils anglais ?

"Oui, nous sommes anglais", répondit Barringford .

"Alors les hommes rouges sont heureux de rencontrer leurs frères. Les hommes rouges avaient peur que ceux qui dormaient soient français."

"Qui es-tu?" demanda Henri.

"Arrow Head, des Miamis . Nous avons rejoint le grand guerrier anglais Johnson pour combattre les Français. Soyons amis."

Quelques mots supplémentaires suivirent et Barringford dit aux Indiens de s'avancer. A ce moment-là, huit hommes rouges s'avancèrent vers le feu de camp, sur lequel les garçons jetèrent quelques broussailles supplémentaires, afin de pouvoir voir les nouveaux arrivants. Les Indiens avaient mis leurs armes sur leurs épaules, en signe de paix, et nos amis faisaient de même.

Schnitzer avait déjà rencontré Arrow Head et avait déclaré qu'il se porterait garant que le guerrier allait bien. Du chef adjoint on apprit que le général Johnson, avec sept cents Indiens, avait déjà marché à la rencontre du général Prideaux et que le camp de l'armée était éloigné d'une quarantaine de milles, en amont de la rivière. Arrow Head avait été laissé sur place pour « mobiliser » quelques retardataires, mais il était maintenant prêt à avancer avec les hommes rouges sous ses ordres.

"Le débat sur la guerre au château de Canajoharie a été formidable", a déclaré le sous-guerrier. "Votre général Johnson nous a traités comme des frères, et nous nous battrons pour lui jusqu'au bout. Nous avons chanté nos chants de guerre et revêtu nos peintures de guerre, et aucun soldat français ne s'opposera à nous. Désormais, les Anglais seront nos nôtres. frères pour toujours."

"Ouais, maintenant tu es Tu parles de bon sens, intervint Schnitzer. Même si vous vous battez parmi les Français , vous êtes tous des imbéciles, pour ces Français. Je l'aurai léché aussi sûrement qu'Henry Hudson découvrira New York. Je regarde un prophète hollandais et je sais, » et il dit cela avec tant de sérieux qu'Arrow Head fut dûment impressionné. Schnitzer, qui se rendit plus tard célèbre en tant que pionnier dans l'Ohio, pouvait faire quelques tours de passe-passe, et grâce à ceux-ci de nombreux hommes rouges le considéraient comme un sorcier.

Tous se reposèrent jusqu'au point du jour puis, après un petit-déjeuner précipité, au cours duquel les Indiens rejoignirent les Blancs, la marche en avant reprit. Bientôt, il commença à pleuvoir, mais les gouttes ne tombèrent pas abondamment et Barringford déclara que la tempête s'était déplacée vers l'ouest. En cela, il avait raison car à midi, le soleil brillait toujours aussi fort.

Tandis qu'ils avançaient péniblement, Dave et Henry interrogeaient Arrow Head au sujet des Indiens français et de leurs captifs, ainsi qu'à propos de Jean Bevoir . Ils ne purent cependant obtenir que peu de satisfaction, si ce n'est qu'Arrow Head avait appris que tous les captifs avaient été transportés sur les rives du lac Érié et du lac Ontario, et qu'un mouvement général vers Montréal et Québec était envisagé.

Pendant que nos amis parcouraient les bois vers le nord, le général Prideaux s'était rendu à Schenectady. Il avait avec lui sa propre division de l'armée composée de deux régiments de soldats anglais et de deux mille six cents Américains, principalement de New York, bien qu'avec les New-Yorkais se trouvaient une bonne poignée de rangers du Vermont, du Massachusetts, du New Jersey, de Pennsylvanie et Virginie, des hommes qui erraient d'une colonie à l'autre, à la recherche d'une chance de s'améliorer et toujours prêts à se battre, que ce soit avec les Français ou les Indiens.

De Schenectady, le général Prideaux remonta la vallée de la Mohawk, qui était la route la plus directe vers les lacs. Cet ancien sentier indien était protégé par Fort Herkimer, Fort William, Fort Stanwix, Fort Bull et d'autres fortifications le long de la rivière et du lac Oneida. Mais ce grand désert était encore un désert, avec des haltes rares et espacées, et sans la gentillesse des Indiens – grâce au bon travail accompli par le général Johnson – les choses auraient pu mal tourner pour les Anglais. Plus d' une fois, l'alarme retentit et, la nuit, des sentinelles furent postées avec autant de soin que si elles se trouvaient au cœur même du pays ennemi.

Ce n'est que trois jours après avoir rencontré Arrow Head et ses partisans que nos amis arrivèrent en vue du commandement du général Prideaux , travaillant péniblement autour de certains rapides de la rivière. Cette première vue de l'armée fut passionnante, car les uniformes et les armes brillaient de mille feux sous la lumière du soleil. Le cœur de Dave fit un bond.

"Cela me rappelle l'époque où j'ai marché avec Braddock", dit-il à Henry. "En effet, il se pourrait presque que ce soit à nouveau la même scène."

"Eh bien, espérons que ce ne sera pas à nouveau la même défaite", répondit sombrement son cousin.

L'armée s'arrêta une demi-heure plus tard et apprit alors que le général Johnson et ses Indiens se trouvaient à des kilomètres de là. Ils ont discuté de la question et ont finalement décidé d'avancer avec les soldats, comptant sur la chance pour interroger Johnson plus tard.

Il fut facile pour Barringford et Hans Schnitzer de trouver un certain nombre d'amis parmi les rangers, et ils reçurent un accueil chaleureux, et Dave et Henry furent mis à leur aise. Un vieux soldat a demandé à Dave s'il avait vu une grande partie de la guerre, et lorsque le garçon lui a dit qu'il avait été à la fois avec Braddock et avec Forbes lors des attaques contre ce qui était maintenant Fort Pitt, le vieux soldat lui a serré la main chaleureusement et "a estimé à quel point " Il ferait tout son possible pour combattre ces Français à Fort Niagara. "

Nos quatre amis ont été affectés à une compagnie dirigée par le capitaine John Mollett, connu de Barringford , et en quelques jours, ils se sont sentis complètement chez eux.

À cette époque, la rivière Mohawk était navigable en canot et en bateau jusqu'à moins de quatre milles du lac Oneida. À partir de ce point, les bateaux devaient traverser le bassin versant, à dos de chevaux, d'Indiens et de soldats jusqu'au lac. Depuis le lac Oneida, il était clair de descendre la rivière Oswego jusqu'au lac Ontario.

Comme ils l'avaient fait tant de fois dans le passé, certains soldats anglais avaient tendance à se moquer des provinciaux, ce qui conduisait à plus d'une querelle verbeuse et, assez souvent, à des coups.

"Ils me rendent malade !" » déclara un jour Henri, après avoir entendu les fanfaronnades de plusieurs grenadiers. "A les entendre parler, on croirait qu'eux seuls sont capables de se battre. Je pense que nous pouvons faire notre part."

"S'ils me disent quelque chose, je leur dirai ce qui s'est passé sous Braddock", répondit Dave. "Et ils peuvent le prendre comme bon leur semble."

Barringford conseillait la modération, mais secrètement il était aussi contrarié que les garçons, même si certains Anglais étaient ses amis chaleureux. Il avait failli se brouiller avec un lieutenant anglais nommé Naster et il en était encore très perturbé.

Cette nuit-là, Dave, alors qu'il était en service de piquetage, entendit le lieutenant Naster critiquer un vieux ranger nommé Campwell . Campwell était un pionnier âgé de plus de soixante-cinq ans, et bien qu'un bon tireur et un bon combattant ne lui convenaient parfois pas, même s'il ne pouvait en aucun cas être qualifié de fou. Les deux hommes se sont approchés de l'endroit où Dave montait la garde et le jeune soldat a entendu le lieutenant se moquer du vieil homme de toutes sortes.

"Mieux vaut rentrer à la maison et s'occuper des bébés, Campwell ", dit le lieutenant anglais. "C'est plus dans l'exercice de vos fonctions, n'est-ce pas maintenant ?"

"Laisse moi seul!" s'écria le vieillard. "Si je devais m'occuper des bébés , cela ne me dérangerait pas d'un enfant comme vous, je le garantis. Cela aurait été mieux si vous restiez en Angleterre."

"Ha ! alors tu m'appelles bébé ?" rugit amèrement le lieutenant Naster . "Si c'est le cas, qu'est-ce que tu aimes ça de ma part ?" Et il donna une poussée au vieux pionnier qui l'envoya tête baissée contre les racines d'un arbre voisin.

L'action était si lâche et si totalement injustifiée qu'elle fit immédiatement monter la colère de Dave, et quelles que soient les conséquences, il sauta là où se tenait le lieutenant Naster et l'attrapa par l'épaule.

"Laisse-le tranquille, espèce de brute !" il a éjaculé. "Comment oses-tu traiter un vieil homme comme ça ?"

Soudainement effrayé, le lieutenant anglais se retourna. Lorsqu'il vit que ce n'était qu'un garçon qui avait parlé, et en plus un provincial détesté, sa colère revint.

"Que veux-tu dire en posant ta main sale sur moi !" » rugit-il. "Je vais vous faire arrêter sur-le-champ ! Ceci pour moi : un officier de la Garde du Roi ! Absurde !"

"Ce n'était pas bien d'agresser le vieux Campwell ", répondit Dave avec vigueur. "Il est aussi courageux que chacun d'entre nous, et j'ai entendu dire qu'il s'est bien battu tout au long de cette guerre. Vous devriez..."

"Ne me dis pas ce que je dois faire, sale petit employé de plantation ! Dis encore un mot et je te dénoncerai au quartier général."

"Comme vous le souhaitez", répondit Dave avec insouciance. "Mais si vous inquiètez davantage Campwell, vous aurez un compte à régler avec le colonel Haldimand... et je peux vous dire qu'il ne le supportera pas plus qu'aucun d'entre nous."

A l'évocation de l'officier chargé des provinciaux, le lieutenant anglais fut pour le moment interloqué. Il savait que le colonel Haldimand était un Suisse-

Américain au caractère militaire sévère et auquel de nombreux pionniers étaient chaleureusement attachés.

"Tu... tu me menaces ?" » demanda-t-il après une vilaine pause.

"Tu peux le prendre comme tu veux."

"Ma liaison avec ce vieil homme était la mienne, pas la vôtre."

"Oui, mais je suis heureux qu'il ait pris mon parti", dit Campwell , alors qu'il se relevait lentement, car la chute l'avait privé de son souffle. "Vous avez pris un méchant avantage sur moi. J'ai bien envie de vous remplir de chevrotine !" Et il saisit son arme d'un air menaçant.

C'est alors que le lieutenant Naster montra sa vraie nature. Une grande partie de sa couleur l'abandonna et il se retira alarmé.

« Ne... ne fais pas ! » s'écria-t-il précipitamment. « Je... je ne voulais pas être... ah... sérieux. Tout cela était fait pour s'amuser.

"Ce n'est pas amusant de me bousculer."

« Je... ah... je ne voulais pas vous pousser si fort... sur mon honneur, je ne l'ai pas fait, Campwell . Laissons tomber, n'est-ce pas ?

Le vieux pionnier poussa un grognement. Il avait le cœur trop ouvert pour comprendre une nature aussi mesquine et sournoise que celle de l'Anglais.

"Nous allons laisser tomber, mais ne touchez pas à moi à l'avenir", dit-il enfin.

"Je ne vais pas vous déranger. Mais vous—" Le lieutenant se tourna vers Dave. "Je penserai à toi, mon beau jeune coq , et je te ferai descendre une cheville ou deux avant d'en avoir fini avec toi, souviens-toi de ce que je dis !" Et d'un coup de poing, il s'enfuit dans l'obscurité.

Une minute après , Barringford arriva et demanda quel était le problème. Lorsqu'on lui a dit, son front s'est contracté.

"Ce lieutenant est un habitué des escrocs", dit-il. "Gardez l'œil ouvert sur lui, Dave, et ne lui faites pas confiance pour un sou. Il est juste du genre à vous salir à la première occasion."

CHAPITRE XXIV

HENRY EST ATTAQUÉ

Les jours qui suivirent furent chargés de dur labeur pour les jeunes soldats. Ils étaient affectés au corps des bagages et faisaient tout ce qu'ils pouvaient pour transporter les nombreuses choses qui leur étaient laissées. Même si Dave ne connaissait pas la vérité, c'était le lieutenant Naster qui avait une grande partie de ce travail sur les épaules du jeune soldat.

La navigation sur le lac Oneida s'est avérée une période de repos pour laquelle Dave et Henry étaient vraiment reconnaissants. Tous deux firent le voyage dans un long et large batteau, communément appelé aujourd'hui bateau à fond plat. Nous étions à la fin du mois de juin et il faisait chaud. Une fois, les jeunes allèrent se baigner, mais cette fois rien ne les inquiéta. Ils sont également allés à la pêche et ont sorti une aussi belle quantité de poissons que le permettaient les eaux claires de ce lac.

"C'est un endroit idéal pour une maison", a déclaré Dave. "Ça me fait penser au Kinotah ."

"Si le Kinotah est aussi bon que celui-ci, je ne voudrais rien de mieux", répondit Henry.

Le batteau, de très grande taille, était rempli de bagages et, outre les garçons, il y avait à bord dix rangers, dont le vieux Campwell . Le vieil homme était assis à l'arrière de l'embarcation et regardait le rivage d'un œil critique.

"Ma vue n'est pas la meilleure", dit-il d'une voix traînante. "Mais à moins que je me trompe, je vois juste un certain nombre d' Indiens derrière ces buissons."

Tous regardèrent dans cette direction, et bientôt l'un des autres rangers dit que lui aussi avait vu au moins deux Indiens. Ils semblaient suivre les bateaux et faisaient en même temps tout ce qu'ils pouvaient pour rester cachés.

"Qu'est-ce que tu en penses ?" demanda Henry de Barringford , qui tirait une rame à côté de lui.

Le vieux frontalier haussa les épaules. "Cela dépend s'ils sont amis ou ennemis, Henry", dit-il. "S'ils sont amis, il est plus probable qu'ils nous attaqueront lorsque nous atteindrons la rivière."

"Et sinon?"

"Alors ils devraient être capturés, car s'ils ne sont pas amis, ils espionnent pour le compte des Français."

De toute évidence, les Indiens n'avaient pas été découverts par ceux des autres batteaux, et après une brève conversation, l'homme responsable de celui contenant nos amis décida de signaler le cas à son supérieur, dans un bateau quelque peu en avant. Tirant de toutes ses forces, l'engin maladroit fut, en un quart d'heure, accosté au bateau du capitaine Mollett.

« Des Indiens, hein ? dit le capitaine pensivement. « Vous n'arriviez pas à les distinguer très bien, n'est-ce pas ?

"Non, capitaine."

"Hum ! Nous allons devoir enquêter là-dessus."

La nouvelle fut transmise à plusieurs autres batteaux, et peu de temps après, un bateau se tourna vers le rivage, ayant à son bord quinze rangers, dont Barringford et Henry. Dave et Schnitzer souhaitaient accompagner les autres mais cela n'était pas permis.

« Au revoir jusqu'à ce que nous nous revoyions ! » s'écria Henri en partant.

"Prends bien soin de toi", répondit Dave, et ainsi d'un geste de la main les deux cousins se séparèrent.

Il ne fallut pas longtemps au batteau pour atteindre la rive nord du lac, et dès que l'embarcation s'échoua, tous sautèrent. Attachant le bateau à un arbre voisin, les rangers se mirent à la recherche des Indiens.

Le groupe était sous le commandement de George Harvey, bien connu comme un vieux combattant indien de la vallée de la Mohawk et un homme aussi astucieux qu'audacieux. Il avait hardiment amené les rangers à terre, mais une fois à l'abri du bois, il arrêta ses hommes pour leur donner des conseils.

"Nous nous disperserons en ligne droite, plein nord", a-t-il déclaré. "Chaque homme est à environ trente mètres l'un de l'autre. Nous pourrons alors battre le bois à fond. Ne tirez pas avant d'être sûr de ce que vous faites, car tuer un Indien ami tout à l'heure serait la pire chose que nous puissions faire. " Le général Johnson ne vous le pardonnerait jamais. Il a eu assez de travail pour les faire venir vers nous. "

Il incombait à Henry de longer la rive du lac, avec Barringford à ses côtés. Le chemin était facile là où le sentier longeait l'eau, mais à d'autres endroits il était extrêmement difficile, car de grosses pierres et des broussailles épaisses bloquaient souvent sa progression.

"Ouf ! mais ce n'est pas un jeu d'enfant !" murmura-t-il en arrivant sur un point du rivage où le soleil brillait avec acharnement. "Un type ne pourrait pas ressentir plus de chaleur en labourant le maïs ou en retournant le foin. Je préfère aller nager plutôt que de chasser les Indiens, je dois l'avouer."

Son soliloque fut interrompu par le vol de quelque chose d'un arbre à un autre, à une certaine distance. Le mouvement était si rapide et la distance si grande qu'il ne pouvait pas déterminer dans son esprit quel avait été l'objet.

"C'était un Indien ou un gros oiseau sauvage ?" se demanda-t-il. Se retirant à l'abri de quelques buissons, il tenait son fusil prêt à l'emploi et regardait devant lui avec beaucoup d'intérêt.

Le soleil était maintenant bien couché à l'ouest, alors son ombre tomba devant lui alors qu'il regardait vers l'est. Soudain, une autre ombre apparut à côté de la sienne. Il s'est retourné, mais avant de pouvoir se défendre, il a été tiré en arrière et son arme lui a été arrachée. Il essaya de crier, mais une main rouge se plaqua instantanément sur sa bouche.

Henry fit de son mieux pour se libérer mais cela ne servit à rien. Deux guerriers musclés l'avaient attaqué, et maintenant l'un des hommes rouges lui brandit un long couteau de chasse au visage, tout en marmonnant quelques mots d'avertissement d'un ton guttural. Henry ne comprenait pas la langue parlée, mais il savait ce que cela voulait dire – qu'il serait tué s'il essayait de se battre ou de crier – et ainsi, pour le moment, il resta immobile.

Au loin, le jeune soldat entendit des bruits de pas, et il supposa à juste titre que Barringford poursuivait son voyage en avant, avec le reste des rangers. Bientôt, les bruits s'éteignirent et tout devint aussi silencieux qu'une tombe.

Mais les Indiens ne voulaient prendre aucun risque et celui qui tenait le couteau continua de se tenir au-dessus du jeune soldat jusqu'à ce que son compagnon soit sûr que les Blancs étaient partis. Puis il émit un sifflement court et particulier, semblable à celui d'un oiseau.

En moins de deux minutes, une bonne douzaine de guerriers apparurent sur les lieux, rampant derrière des rondins et des rochers et depuis des trous parmi les racines des arbres. Tous s'avancèrent et regardèrent le prisonnier avec curiosité.

S'en suivirent des pourparlers qui ne durent que quelques minutes. Henry faisait de son mieux pour comprendre ce qui se disait, mais ce dialecte indien était entièrement nouveau pour lui. Il soupçonnait à moitié que ces hommes rouges étaient arrivés à New York depuis la rive nord du lac Ontario et il ne se trompait pas. C'étaient des espions, comme on le prouva longtemps après, envoyés par saint Luc de la Corne , l'officier français commandant l'île Royale, appelée plus tard l'île Chimney.

Le débarquement des Anglais avait visiblement déconcerté les Indiens et ils hésitaient sur la prochaine étape à suivre. Mais finalement , ils se mirent en marche rapide vers le nord, emmenant Henry avec eux. Les mains du jeune soldat étaient liées derrière lui et on lui faisait comprendre que s'il n'avançait pas comme il lui convenait, il serait tué sur le coup.

"Je suis dans un bon cornichon et je ne m'y trompe pas", pensa-t-il, tandis que le groupe gravissait une longue colline et traversait une forêt dense où les sous-bois interdisaient presque toute progression. "Ces Peaux-Rouges ne me donneront pas la moindre chance de m'enfuir , et je ne peux pas deviner où ils m'emmènent. Je me demande ce que Barringford dira quand il découvrira que j'ai disparu ?"

Quelque temps après, un coup de feu lointain retentit, auquel tous les Indiens s'arrêtèrent. Le coup de feu fut suivi de plusieurs autres, tous venus de la direction du lac.

"Peut-être que ce sont des signaux qui m'étaient destinés", pensa Henry. "Oh, si seulement Barringford et les autres trouvaient la bonne voie !"

Les coups de feu ayant cessé, la marche en avant reprit, et la troupe ne s'arrêta de nouveau que longtemps après la tombée de la nuit. Henry fut attaché à un arbre et un des Indiens, qui semblait moins assoiffé de sang que les autres, lui donna un peu de viande, des galettes de maïs et un verre d'eau. Le jeune soldat remercia le peau-rouge et essaya d'engager la conversation avec lui, mais l'Indien se contenta de secouer la tête et s'éloigna.

Lorsque les Indiens se retirèrent pour la nuit, Henry fut attaché à un petit pieu enfoncé profondément dans le sol. Cela lui permettait de se reposer d'un côté ou de l'autre, tout en gardant ses mains derrière lui – une position des plus inconfortables. Mais s'allonger, même ainsi, valait mieux que se tenir debout contre l'arbre, et il était si fatigué qu'il s'endormit bientôt profondément.

Un coup de pied dans les côtes le réveilla au petit matin, et après un léger déjeuner, les Indiens reprirent leur route. En peu de temps , ils gagnèrent un petit ruisseau et sortirent d'une cachette plusieurs canots. Henry fut obligé de monter dans l'un des canots et tout le groupe commença à descendre le ruisseau rapidement et dans le plus grand silence.

Le cours d'eau avait moins de cinq mètres de large et, en de nombreux endroits, les branches des arbres des rives opposées s'entrelaçaient, formant un long berceau bas, sous lequel le soleil pouvait à peine pénétrer. Dehors, il faisait chaud et sec, mais sur ce ruisseau , il faisait délicieusement frais et, dans d'autres circonstances, Henry aurait beaucoup apprécié cette excursion en canoë. Le gibier était abondant et apparaissait fréquemment à une distance de tir facile. Les Indiens n'ont cependant pas utilisé leurs fusils, bien qu'un certain nombre d'oiseaux et un cerf aient été abattus à l'aide d'un arc et de flèches entre les mains d'un Indien qui se trouvait à l'avant du canot.

Avant la fin du voyage sur la rivière, Henry calcula qu'ils avaient parcouru au moins seize milles. Ils débarquèrent juste au-dessus d'une petite cascade et maintenant les Indiens emmenèrent leurs canots avec eux. Le groupe se tourna vers l'ouest et Henry devina qu'ils se dirigeaient vers la rive est du lac Ontario.

"S'ils me mettent une fois sur le lac, je serai réservé pour le Canada, c'est certain", pensa-t-il lamentablement. "Si seulement j'avais une demi-chance, je m'enfuirais, même si je risquais de me faire tirer dessus."

CHAPITRE XXV

UNE TEMPÊTE SUR LE LAC ONTARIO

Lorsque les soldats du général Prideaux atteignirent Oswego, ils trouvèrent le fort en ruines. Trois ans auparavant, les Français et les Indiens sous Montcalm y avaient remporté une victoire et, avant de partir, avaient incendié et détruit d'une autre manière tous les bâtiments, grands et petits, ainsi que tous les navires dans le port, et avaient emporté tous les canons et munitions ainsi qu'un grand une partie des possessions des colons des environs. De tous côtés se trouvaient des tas de cendres et de bûches calcinées, certaines envahies par les mauvaises herbes, et au milieu se dressait une immense croix de bois, érigée par Piquet, le prêtre français, et sur une haute perche pendaient les armes de France en lambeaux. La scène était une scène de solitude et de désolation indicibles, et il faut avouer que quelque chose comme un frisson parcourut Dave alors qu'il la regardait.

"Cela montre ce que la guerre fera", a-t-il déclaré à un camarade qui se tenait à proximité . "Pensez à la prospérité du poste de traite d'Oswego il y a trois ans, et maintenant regardez ceci. Pourquoi même un animal sauvage fuirait l'endroit, après que ces squelettes aient été nettoyés."

"C'est vrai pour toi, mon garçon", fut la réponse. "Mais je ne pense pas que cela se reproduira. Le général Prideaux est sérieux, tout comme le général Johnson, et les Français devront mener de grands combats pour gagner maintenant."

Les premiers soldats arrivèrent sur le site d'Oswego vers la mi-juin et ce n'est que quelques jours plus tard que le reste de l'armée remonta du lac Oneida, apportant les provisions et les bagages, dont un grand nombre de barils de porc, qui à cette époque, il constituait un article de base du régime alimentaire des soldats.

Dave avait hâte de revoir Henry et Barringford , et lorsque le dernier des soldats arriva et entra dans le camp non loin du lac et de la rivière, il se précipita dans cette direction dès qu'il fut en congé.

« Oh, Sam ! » s'écria-t-il en apercevant le vieux frontalier et en voyant l'air sérieux de son visage. "Où est Henri ?"

"Je ne peux pas te le dire, Dave."

"Je ne peux pas le dire ?"

"Non, mon garçon. Après que nous ayons débarqué au lac Oneida, il a disparu comme si la terre s'était ouverte et l'avait englouti."

"Mais... mais tu ne l'as pas cherché ?"

"Dave, tu devrais savoir qu'il ne faut pas poser une telle question. Ecoute ? Eh bien, j'ai parcouru des kilomètres et des kilomètres à la recherche de lui, et de ces Indiens. Mais les Peaux-Rouges se sont enfuis, et nous n'avons pas pu trouver Henry, vivant ou mort."

"Alors ils ont dû le faire prisonnier."

" C'est tout, à moins que... "

« A moins que quoi, Sam ?

"Wall, je n'aime pas le dire, mon garçon. Espérons que tout ira pour le mieux."

« Vous voulez dire qu'ils auraient pu le tuer et jeter son corps dans le lac ?

"Oui."

Dave inspira longuement. Cette pensée était horrible. Il secoua tristement la tête.

"Vous n'avez entendu aucun coup de feu, ni aucune lutte ?"

"Pas un bruit, Dave. Nous avons marché aussi silencieusement que des fantômes et avec nos oreilles grandes ouvertes. Je sais qu'Henry était là lorsque nous avons remonté le lac, mais il m'a manqué en plaisantant dès que nous nous sommes retournés pour revenir. Il avait été au bord du lac et je me suis approché pour savoir s'il avait vu quelque chose des Indiens, mais il était parti - et c'était tout - même si moi et les autres avons cherché autour jusqu'à ce que nous devions tout simplement y renoncer et reviens faire un rapport."

C'était une triste nouvelle, et tout ce que Barringford pouvait faire ne suffisait pas à remonter le moral de Dave. "D'abord c'était la petite Nell et maintenant c'est Henry", dit-il sobrement. "Si aucun d'eux ne revient, que dira tante Lucy ?"

Dès que l'armée fut installée à Oswego, le général Prideaux fit préparer tous les batteaux et autres bateaux pour le voyage le long de la rive du lac jusqu'au fort Niagara, une distance d'environ cent trente milles. Dans l' intervalle , le colonel Haldimand fut chargé de la garnison qui devait rester à Oswego, avec l'ordre de reconstruire le fort et de renforcer la place aussi rapidement que possible. Haldimand, qui devint gouverneur du Canada pendant la Révolution, était un officier compétent et énergique et s'acquitta sans délai du travail qui lui était assigné. Bientôt, le tintement de la hache se fit entendre dans la forêt et les gros bois du nouveau fort furent sortis aussi vite que les soldats pionniers pouvaient les manipuler.

Prideaux avait prévu s'embarquer pour Niagara quelques jours après avoir atteint Oswego où il fut rejoint par Johnson avec ses sept cents Indiens, mais de nombreux retards se produisirent et ce n'est que le 1er juillet que sa nouvelle flottille de bateaux, de batteaux et de canoës faites voile vers l'ouest sur les eaux puissantes du lac Ontario. Pendant tout le temps que l'armée était à Oswego, une surveillance étroite fut maintenue pour détecter l'apparition possible de navires de guerre français ou de transports transportant des troupes françaises, mais aucun n'apparut.

"Pas une voile en vue nulle part", dit un jour Dave à Schnitzer, alors que les deux étaient à la plage. "Si les Français sont proches , ils se cachent bien."

"Peut-être que c'est à toi J'attends une occasion de nous attraper", répondit le soldat hollandais. "Dose Frenchers peen puissant schmart , laissez-moi vous le faire. De da don't vos Schmart den dis var ne serait pas convaincu si longtemps , hein ?

"Oh, ils savent ce qu'ils font, cela ne fait aucun doute. Je ne serais pas surpris s'ils attaquaient le colonel Haldimand après notre départ."

"Ouais, c'est ça, Tave - ça va bis ve peen divisé par deux bices et den da combats d'abord un barde et le pis barde - et nous avons peen léché nos pottes, hé - peut-être - da peen schmart assez. " Et Hans Schnitzer hocha vigoureusement la tête.

Dave se demandait s'il recevrait l'ordre de rester avec ceux restés à Oswego ou s'il devait avancer vers Fort Niagara. Il aurait à moitié souhaité qu'on lui dise de rester sur place, afin d'avoir une chance de partir à la recherche d'Henry.

Mais cela ne fut pas le cas, et quelques jours plus tard on apprit que la compagnie à laquelle il appartenait irait de l'avant sous les ordres du général Prideaux .

"Mais je vais être laissé pour compte", a déclaré Sam Barringford . "J'ai reçu l'ordre de prendre en charge les tireurs d'élite qui vont veiller ici pendant que le colonel Haldimand reconstruit le vieux fort."

"Oh Sam, si tu restes derrière, tu ne garderas pas un œil ouvert sur Henry ?"

"Bien sûr que je le ferai, mon garçon, j'y ai pensé moi- même ."

« Pensez-vous que ces Indiens se faufilent encore ?

" Très probablement pas, Dave. Pas s'ils combattent les espions français. Ils ont traversé le lac pour avertir de notre arrivée. "

"S'ils avaient Henry prisonnier , ils l'emmèneraient avec eux."

— Oui, ou pire.

Dave secoua tristement la tête et vaqua à son travail, qui consistait à veiller au chargement de deux batteaux remplis d'ustensiles appartenant au département culinaire de l'armée - car les soldats, comme le commun des mortels, doivent manger et s'ils ne sont pas servis correctement, il y a de nombreuses grognements.

Un jour plus tard, l'armée était en route, dans une longue file de batteaux et autres embarcations s'étendant sur une distance de plus d'un mile. C'était vraiment un spectacle imposant, car le bataillon de tête arborait le drapeau de l'Angleterre, et d'autres bannières ne manquaient pas. Il y avait aussi de la musique pour alléger le cœur des soldats et des acclamations pour souhaiter bonne chance à l'entreprise.

du général Prideaux était de longer la rive du lac, par conséquent le voyage serait un peu plus long que s'ils naviguaient en ligne directe d'Oswego à ce qui est aujourd'hui la ville côtière de Carlton. La raison pour laquelle on longeait le rivage était que les Français pouvaient fondre sur la flottille à tout moment lorsqu'ils étaient hors de vue de la terre, tandis que, si les Anglais restaient près du rivage, ils pouvaient à tout moment se tourner vers l'une des nombreuses baies ou ruisseaux, et là, cachez-vous ou lancez une défense temporaire.

La rive sud du lac Ontario est aujourd'hui parsemée de villages et de villes, mais lorsque l'armée du général Prideaux a navigué le long de cette côte, elle a montré un front presque ininterrompu de bois gigantesques, de roches rugueuses et d'étendues de sable. Çà et là se trouvait un village indien, mais les guerriers étaient absents, soit avec les Français, soit avec les Anglais.

Au grand dégoût de Dave, le lieutenant Naster fut chargé du batteau, qui contenait, outre Dave, plusieurs soldats peu connus de notre jeune soldat. Quand Naster aperçut Dave, il fronça les sourcils mais ne dit rien.

"Il m'en veut, c'est certain", pensa Dave. "Je vais devoir garder les yeux grands ouverts."

"Je ne veux pas de votre paresse", dit le lieutenant à Dave, une heure plus tard, et alors que toutes les mains reposaient sur les rames. "Je vois que tu ne tires pas aussi bien que les autres, et ça ne marchera pas."

"Je pensais que je faisais ma part", répondit Dave.

"Salut, ne réponds pas, mon garçon ! Fais ce que je te dis !"

Au bout de quelques minutes, l'aviron reprit. L'un des soldats, inaperçu du lieutenant, fit un clin d'œil à Dave.

"C'est un ours ordinaire", murmura-t-il. "Faites attention, sinon il vous créera des ennuis."

"Il a déjà essayé de me créer des ennuis", répondit Dave d'un ton tout aussi bas. "Il ne m'aime pas parce que j'ai défendu le vieux Campwell quand il l'intimidait."

"Oh, alors c'est vous qui êtes intervenu, hein ? J'ai entendu parler de cette affaire. Ils disent..."

« Tais-toi ici, et fais attention à ton ramage ! » cria le lieutenant depuis son confortable siège à l'arrière. " Ne voyez-vous pas à quel point nous sommes à la traîne ? Arrêtez-vous tous là, ou quelqu'un recevra le fouet ce soir, au lieu de son souper. "

Après cela, on ne dit pas grand-chose, et l'aviron continua régulièrement jusqu'à midi, où une brève halte fut faite pour le dîner. Le lac était presque comme du verre, de sorte que même si certains des bateaux dérivaient ensemble, aucun dommage n'était causé.

"Si j'en sais quelque chose, ce temps ne durera pas", a déclaré l'un des soldats après avoir soigneusement observé le ciel.

"Pour moi aussi, cela ressemble à une tempête", a déclaré Dave. "Mais il pourrait souffler avant d'arriver ici."

Pourtant la journée se passa sans que l'orage vienne, et cette nuit-là, les occupants des bateaux dormirent profondément au bord d'une petite baie s'ouvrant sur le lac. Au lever du soleil, l'armée était de nouveau en mouvement et la flottille continuait de nouveau sa route vers l'ouest.

Plusieurs soldats tombés malades pendant la marche vers Oswego avaient été laissés sur place, mais maintenant d'autres étaient accablés par la chaleur et l'éclat du soleil sur l'eau, et un batteau dut être transformé en hôpital flottant. À un moment donné, Dave lui-même eut le vertige, mais il ne dit rien, car il savait bien que le lieutenant Naster n'aurait aucune pitié pour lui, qu'il soit malade ou en bonne santé.

Le soleil s'était levé sur l'eau comme une grande boule de feu et, à neuf heures, la journée promettait d'être plus chaude que d'habitude. Mais une heure plus tard, les nuages ont commencé à apparaître à l'ouest et la température est devenue rapidement plus fraîche.

"Nous sommes confrontés à cette tempête maintenant", a déclaré un soldat à Dave. "Voyez comme le vent se lève."

"Oui, et nous sommes également assez loin de la terre maintenant", a ajouté Dave. "Je pense que nous devrions nous rendre."

L'un des soldats a fait appel au lieutenant, mais celui-ci n'a pas écouté les conseils. "Tout droit", rugit-il. "Tu veux seulement entrer pour te reposer.

Nous n'avons pas le temps de nous amuser. Un peu de pluie ne fera de mal à personne."

Le vent devint rapidement violent et bientôt les nuages noirs éclipsèrent le soleil, rendant la surface du lac sombre et menaçante. Puis vint une rafale qui fit tournoyer le batteau malgré tout ce que les rameurs pouvaient faire pour maintenir l'embarcation face au vent. Les vagues se sont précipitées, inondant tout le monde.

"Oh!" s'écria le lieutenant Naster , car il avait reçu de l'eau en plein visage. « Restez là, imbéciles ! Ne la laissez pas se balancer !

"Si nous ne ramenons pas à terre , nous serons submergés !" s'écria l'un des soldats. "J'ai été marin pendant six ans et je sais que ça va être un coup dur. Donnez l'ordre, lieutenant, à moins que vous ne vouliez voir du mastic de fond rapidement."

A ces mots, le lieutenant Naster pâlit. "Très bien, faites demi-tour et dirigez-vous vers le rivage", dit-il. "Et ne perdez pas de temps", ajouta-t-il en voyant les casquettes blanches courir follement vers eux.

Avec beaucoup de difficulté, le maladroit batteau fut retourné et le voyage vers la côte commença. Mais un temps précieux avait été perdu, et maintenant la pluie tombait en déluge, fermant la vue de tous les côtés. Le vent souffla un coup de vent et au milieu de l'averse se produisit un éclair vif et un coup de tonnerre assourdissant.

Autant pour sa propre sécurité que pour celle des autres, Dave se pencha sur sa rame avec volonté, tirant avec force et force. La vue de la terre était désormais fermée et la tâche était donc aveugle. Ils continuèrent leur route, le vent poussant les vagues dans le batteau jusqu'à ce que l'engin risquât rapidement de devenir gorgé d'eau.

« Saignez-la ! » rugit le lieutenant, qui était maintenant aussi alarmé que quiconque. "Sauvez-la, ou nous irons au fond !"

"Saignez-la", rugit le lieutenant.

« Libérez-la vous-même ; » » fit une voix depuis l'avant de l'engin. "Aucun de nous ne peut quitter les rames. Eloignez-vous, les garçons, c'est notre seule chance !"

C'était l'ancien marin qui parlait, et tous les autres soldats lui obéissaient, laissant le lieutenant prendre une louche de fer et commencer l'écope du mieux qu'il pouvait.

Un instant plus tard, un cri sauvage retentit au-delà du batteau. "Attention, vous nous rentrez dedans ! Retour d'eau !" Ce cri fut suivi d'un bruit sourd, d'un fracas et d'une demi-douzaine de cris de douleur, puis s'ensuivit une course effrénée pour se mettre à l'abri, car deux des batteaux s'étaient heurtés avec une telle force que le fond de chacun était brisé d'un côté. laisser entrer l'eau du lac avec précipitation.

Lorsque la collision s'est produite, Dave a été projeté à la renverse, sur les genoux du soldat qui avait autrefois été marin. Chacun s'agrippa à l'autre, et tous deux se relevèrent péniblement en se demandant ce qui allait se passer ensuite. Puis la bataille commença à s'apaiser et, un instant plus tard, Dave se retrouva en difficulté dans les eaux du lac Ontario.

CHAPITRE XXVI

L'ATTAQUE D'OSWEGO

"Je me demande quand ça va finir ?"

Telle était la question que se posait Henri, après avoir été prisonnier des Indiens pendant une semaine et plus.

Les guerriers l'avaient emmené jusqu'à la rive est du lac, où il avait été laissé à la tête de deux jeunes guerriers tandis que le reste du groupe avait pris des canots et disparu en direction de Frontenac.

Les jours s'étaient écoulés lentement. Les guerriers avaient trouvé une sorte de grotte face à la rive du lac et Henry y avait été placé. Ses mains étaient liées derrière lui presque constamment, elles n'étaient relâchées que lorsqu'il mangeait ou lorsque ses deux ravisseurs étaient à portée de main avec leurs armes pour le surveiller.

Le jeune soldat se demandait souvent ce qu'étaient devenus Sam Barringford et les autres membres du groupe qui avait débarqué sur les rives du lac Oneida. Eux aussi avaient-ils été capturés et emmenés, ou avaient-ils été tués ?

"Sam aurait dû pouvoir suivre leur trace", raisonna-t-il. Il ne savait pas que la piste avait été suivie jusqu'au ruisseau où les Indiens avaient pour la première fois amené leurs canots cachés.

Entre- temps , les Indiens s'étaient rendus à Saint-Luc de la Corne et lui avaient expliqué la situation. Le commandant français rassembla aussitôt douze cents hommes, composés de pionniers canadiens et d'Indiens, et se mit en route pour la bataille anglaise. Il sentit qu'une force serait laissée à Oswego et il résolut de l'anéantir dès que le général Prideaux aurait quitté le corps principal de l'armée anglaise.

L'arrivée de plus d'une centaine d'Indiens au camp au bord du lac surprit Henry et il se demanda ce qu'il y avait dans le vent. Mais il s'en rendit vite compte, car plusieurs des nouveaux venus parlaient anglais et n'hésitaient pas à parler de l'attaque envisagée contre le commandement du colonel Haldimand et de leurs grands espoirs de réduire à nouveau le fort Oswego en cendres et de scalper tous ceux qui resteraient pour le défendre. il.

Après avoir entendu ce discours, Henry brûlait du désir d'obtenir sa liberté et d'avertir Haldimand de ce qui allait arriver. Pour cela, il recourut à une ruse qui fonctionna mieux que prévu. Il faisait semblant d'être très malade et, chaque fois que les Indiens s'approchaient, il gémissait lamentablement et portait la main à sa tête, puis à sa poitrine, comme s'il ressentait une douleur intense.

Au début, les guerriers n'y prêtèrent aucune attention, car ils ne se souciaient pas de combien il souffrait. Mais après l'avoir relâché pendant l'heure du repas, ils ne se soucièrent plus de l'attacher à nouveau et le laissèrent rouler sur le sol à sa guise. Il fit maintenant semblant d'être plus malade que jamais et rampa jusqu'à un bassin d'eau voisin, où il se lava la tête puis s'allongea comme s'il était complètement épuisé.

Derrière la piscine se trouvait un bosquet de buissons et, derrière, une étendue de bois dense. Une fois dans le bois, il sentit qu'il pouvait se cacher jusqu'à la tombée de la nuit, puis descendre la rive du lac en direction de Fort Oswego. Peut-être pourrait-il même trouver un canot, car les Indiens en possédaient un grand nombre, cachés dans diverses anses et ruisseaux.

Henry devait se déplacer avec une extrême prudence, car il se rendait compte qu'une seule erreur pourrait lui coûter la vie. Une ou deux fois , il vit les guerriers le regarder et à chaque fois, il leur fit croire qu'il souffrait toujours autant.

Bientôt, des cris retentirent au bord du lac, annonçant l'arrivée d'autres Indiens, et tous les guerriers à terre regardèrent dans cette direction. C'était maintenant sa chance, et avec la rapidité d'un cerf libéré d'un piège, il sauta par-dessus l'étang et plongea dans le bosquet de buissons. Il ne s'arrêta pas, mais, au risque de se gratter en une douzaine d'endroits, se fraya un chemin dans les bois et continua son chemin, pêle-mêle, se heurtant à plus d'un arbre et trébuchant sur une grosse racine après l'autre. Unc fois, il est entré dans un trou jusqu'au genou et a failli se casser la jambe, ce qui, à la fin, lui aurait sans doute coûté la vie. Mais il se dégagea et ne s'arrêta pas mais continua sa route, boitant de plus en plus profondément dans la forêt.

Un cri de rage lui apprit que son évasion était découverte, et bientôt il entendit plusieurs Indiens se débattre dans les broussailles, tandis que d'autres se répandaient à la recherche de la forêt. Il n'y avait aucun doute qu'ils avaient l'intention de le reprendre si cela était possible.

"Mais ils ne le feront pas", murmura-t-il entre ses dents serrées. "Je dois m'enfuir d'une manière ou d'une autre !"

Après avoir parcouru un demi-mille , il fut surpris de se trouver en vue du lac. Au début, il s'imagina qu'il avait fait le tour et s'était approché du point de départ, mais il s'aperçut bientôt que l'endroit était étrange, à une certaine distance au sud du camp indien.

Son tibia blessé ne lui faisait pas peu mal et il était assez heureux de plonger dans l'eau jusqu'aux genoux. Il était arrivé sur une petite baie et ici plusieurs arbres et buissons en surplomb lui offraient un bon abri. Il se cachait du mieux qu'il pouvait et attendait l'évolution de la situation.

Les Indiens arrivèrent à cent mètres de l'endroit, mais pas plus près, et avant la tombée de la nuit, il se retrouva complètement seul. À ce moment-là, son tibia écorché se sentait mieux et il se dirigea vers le lac proprement dit, l'eau lui arrivant à peine aux genoux.

Alors que la nuit approchait, il aperçut une faible lumière sur le rivage, qui lui indiquait où se trouvait le camp indien. Tout autour de lui était silencieux et désert, seul le cri occasionnel d'un oiseau brisait le silence.

Henry sentit qu'il devait dormir un peu, sinon il ne pourrait pas entreprendre le voyage vers Oswego le matin, et dans cette optique il chercha un endroit confortable où il pourrait se coucher. Rien n'est venu le déranger pendant la nuit et, au lever du soleil, il s'est levé décidément reposé.

Une tempête approchait, la même qui allait s'avérer si désastreuse pour les batteaux sur le lac, et Henry n'avait pas parcouru beaucoup de kilomètres le long du bord du lac lorsqu'elle éclata sur lui dans toute sa fureur, l'obligeant à chercher refuge sous une falaise. de rochers à une certaine distance de l'eau. L'éclair était violent et il entendit plus d'un arbre dans la forêt s'abattre avec fracas. Mais la tempête ne dura pas dans ces environs et, en deux heures, elle fut terminée, même si les nuages à la dérive cachaient encore le soleil à la vue.

La tempête fut une grande bénédiction pour Henry, car une fois terminée, il rencontra deux écureuils qui avaient été tués par la tempête ainsi qu'un certain nombre d'oiseaux. Il n'avait pas mangé une bouchée depuis vingt-quatre heures et il se mit maintenant à faire du feu et à cuire le gibier. Il possédait un silex et de l'acier que les Indiens ne lui avaient pas pris, et bientôt il eut un incendie dans un creux, où on ne le remarquerait pas.

Après avoir satisfait les fringales de son estomac, il reprit son voyage le long des rives du lac. La tempête avait emporté un certain nombre de choses sur le rivage et bientôt il tomba sur un canot indien renversé, l'un des plus robustes , fait d'un rondin évidé.

"Bonjour, c'est mieux que rien", se dit-il en redressant la pirogue, non sans difficulté. Il y avait aussi une pagaie sur la plage, et bientôt il fut à bord de l'embarcation et pagayait vers le sud avec toute l'habileté dont il était capable.

Tandis qu'il se déplaçait sur les eaux du lac , il gardait les yeux derrière lui et devant lui, se demandant si les Indiens découvriraient ce qu'il faisait. Mais ils étaient hors de vue, et aucun guerrier ne se montrait nulle part.

Il faisait de nouveau nuit quand Henry arrêta brusquement son canot et se tourna précipitamment vers le rivage. Loin devant lui, il avait aperçu un autre engin transportant deux hommes. Il en était sûr qu'ils étaient blancs, mais il restait à déterminer s'ils étaient français ou anglais. Il déplaça son canot dans une crique et, se cachant dans les buissons, attendit l'approche des étrangers.

Bientôt, le bateau s'approcha suffisamment pour qu'il puisse distinguer les voix des nouveaux arrivants. Une voix lui semblait étrangement familière, et regardant à travers les buissons, Henry fut ravi de reconnaître Sam Barringford , qui était assis à la proue du bateau, un fusil à la main, pendant que son compagnon ramait.

"Sam Sam!" s'écria-t-il en se précipitant. "Oh, Sam, comme je suis heureux de te voir !"

"Eh bien, par l'Éternel, si ce n'est pas Henry !" cria le frontalier avec une joie presque égale. "C'est une pure chance et ce n'est pas une erreur. Eh bien, Gangley et moi sommes sortis exprès pour voir si nous ne pouvions pas découvrir ce que vous étiez devenu ! Êtes-vous seul ?"

"Oui."

"Y a-t-il des Indiens par ici ?"

"Il y en a un certain nombre sur la côte, à environ dix ou quinze milles d'ici."

Le bateau fut tourné vers la crique et bientôt Henry et son vieil ami se serrèrent la main, puis le jeune soldat serra la main de Gangley , qui était un vieux chasseur de Pennsylvanie. Le jeune raconta intégralement son histoire, que les autres écoutèrent attentivement.

"Je pense que la meilleure chose que nous puissions faire est de rentrer et de dire au colonel Haldimand où en sont les choses", a déclaré Barringford . "Si les Français arrivent par ici, il voudra le savoir."

Le vaisseau occupé par Barringford et Gangley était assez grand pour trois personnes et bientôt Henry fut à bord. Puis le bateau fit demi-tour et le voyage vers Oswego commença.

En route vers Barringford a parlé du départ de Dave avec la force du général Prideaux . Il demanda également si Henry avait appris quelque chose concernant la petite Nell.

"Pas un mot, bien que j'ai interrogé les Indiens autant que je pouvais", répondit le jeune homme.

Gangley était un expert dans la conduite d'un petit bateau et l'engin volait assez bien sur l'eau sous son commandement et grâce aux efforts unis des personnes à bord.

Ils arrivaient à peine en vue du fort d'Oswego lorsque des bruits de tirs lointains parvinrent à leurs oreilles. Au début, il y eut quelques tirs dispersés, suivis, quelques minutes plus tard, d'une volée régulière.

"Les Français sont arrivés !" s'écria Henri. "C'est une bataille régulière !"

"Tu as raison, mon garçon", répondit le frontalier. "Tu vois, il y a leurs bateaux, il y en a un bon nombre aussi !"

"Que devons-nous faire?"

« Mieux vaut atterrir un peu sur le rivage et aller dans les bois. Cela ne nous servira à rien de nous montrer à découvert là-bas : ils nous arrêteraient en un rien de temps. »

Gangley a également convenu que c'était la meilleure solution et le bateau a été immédiatement tourné vers le rivage. Ils sautèrent sans délai et, cachant l'engin, se dirigèrent sans perte de temps dans la direction d'où étaient venus les coups de feu.

CHAPITRE XXVII

NOUVELLES D'IMPORTANCE

Lorsque le général Prideaux quitta Oswego pour le fort Niagara, il était bien conscient que les Français allaient très probablement attaquer le nouveau fort que le colonel Haldimand était en train de construire. Par conséquent, il avertit cet officier d'être sur ses gardes à toute heure du jour et de la nuit. .

Mais Haldimand n'avait pas besoin d'un mot d'avertissement. Sa formation militaire était de haut niveau, et la toute première chose qu'il fit avant de mettre ses hommes au travail pour couper des rondins pour le nouveau fort fut de leur faire disposer en cercle les tonneaux de porc, contenant une grande partie de leur nourriture, et à l'extérieur s'étendait une masse dense de broussailles de telle façon que grimper dessus ou à travers elle ne serait pas une tâche facile.

Ce « fort à porcs », comme on l'appellera plus tard, fit beaucoup rire, mais ce n'était pas une mince défense, comme nous le verrons bientôt. Derrière les canons, Haldimand plaça les canons que Prideaux lui avait laissés ; puis se mit au travail pour construire le fort proprement dit sans perte de temps.

Les Français ont traversé le lac avec le plus de secret possible. Dans l'obscurité, ils atterrirent derrière des broussailles et de grands arbres et prirent ce qu'ils pensaient être une position avantageuse.

La bataille commença le lendemain, alors que les Anglais travaillaient d'arrache-pied pour abattre les arbres et les couper aux dimensions appropriées pour le nouveau fort. Un éclaireur donna l'alarme et cela fut immédiatement suivi de plusieurs coups de feu des Français et du cri de guerre à glacer le sang des Indiens hostiles.

Comprenant aussitôt que l'ennemi avait tenté de prendre une marche sur lui, Haldimand ordonna à son commandement d'arrêter les travaux et de se diriger vers le « fort aux porcs ». Lâchant leurs haches, les soldats et les pionniers s'emparèrent de leurs fusils et coururent à l'abri des tonneaux et des broussailles. Plusieurs furent blessés, dont un grièvement, et voyant cela, l'ordre fut donné de tirer en retour, et une sorte de bataille rangée eut lieu. Mais les Français entre les Anglais et le fort improvisé furent facilement dispersés, et Haldimand fit alors rentrer ses troupes à l'intérieur de la barricade des canons et arma ses canons avec une telle vigueur que tous les ennemis ne perdirent pas de temps pour chercher l'abri de la forêt si proche à main.

C'est cette première rencontre qui parvint aux oreilles d'Henri et de ses amis. Au moment où ils arrivèrent à terre, les tirs avaient cessé et un silence complet régnait alors qu'ils avançaient lentement en direction du commandement de Haldimand.

"Pensez-vous qu'il soit possible que les Français se soient retirés ?" » demanda immédiatement Henry, tandis que Barringford levait la main pour lui faire signe de s'arrêter.

"Je pense qu'ils préparent un truc", fut la réponse basse. "Hist ! à bas vous !"

Barringford avait vu un grand soldat français se diriger vers eux. L'homme était un tireur d'élite et portait son fusil prêt à être utilisé immédiatement.

Le soldat s'approchait directement d'eux et, un instant plus tard, Henry sentit qu'ils allaient être découverts. Puis, sans avertissement, Barringford bondit en avant comme un éclair, attrapa le soldat à la gorge et le projeta au sol.

Avant qu'Henry ait pu se remettre de sa perplexité, tout était fini, et le soldat était allongé sur le dos, car en passant par-dessus sa tête, il avait heurté un rocher pointu, le rendant inconscient. Barringford a pris l'arme de l'homme et sa boîte de munitions et les a remis au jeune. "Maintenant, vous êtes aussi bien armé que n'importe lequel d'entre nous", murmura-t-il. "C'est une chance que je l'ai bien cogné, sinon on aurait peut-être dû faire un puissant rasselin ', hein ? Viens."

Une fois de plus , ils avancèrent, jusqu'à ce qu'ils sentent que la barricade de barils de porc ne pouvait être distante de plus de cent mètres. Puis une nouvelle fusillade éclata sur leur gauche, et bientôt une cinquantaine de soldats français apparurent alors qu'ils faisaient un détour d'un côté de la défense de Haldimand à l'autre.

"Viens, il faut sortir d'ici !" » a crié Barringford , et alors que l'ennemi se rapprochait, il a tiré sur le soldat de tête. Henry et Gangley vidèrent également leurs pièces et trois ennemis tombèrent, tous grièvement blessés.

Courant avec toute la rapidité possible, nos amis atteignirent bientôt un point où ils purent voir quelques fûts de porc. Barringford leva les mains et fut reconnu.

"Entrez!" était le cri. "Ne reste pas là-bas !" Et puis les trois repartirent en avant. Mais les Français les avaient aussi remarqués et une demi-douzaine de fusils furent tournés dans cette direction. Henry sentit une balle chanter désagréablement près de sa tête, puis vit Barringford , qui était tout près de lui, chanceler et tomber en tas.

« Oh, Sam ! » s'écria-t-il avec une profonde horreur, "êtes-vous touché ?"

Il n'y eut pas de réponse à cela, et Henry vit le sang commencer à apparaître autour du cou du vieux chasseur. En désespoir de cause, il attrapa le corps de Barringford et commença à le traîner jusqu'à l'entrée entre les barils de porc. Gangley l'aida et bientôt ils se retrouvèrent derrière l'abri temporaire avec leur fardeau.

« J'espère qu'il n'est pas mort ? » dit Henry en examinant la forme immobile. "N'y a-t-il pas un chirurgien à portée de main ?"

Un médecin arriva bientôt et Barringford fut transporté dans un hôpital improvisé, mais à une courte distance de là, et ici le médecin procéda à un examen hâtif.

"Il n'est pas mort, mais il est assez durement touché", conclut le chirurgien. "Je ferai ce que je peux pour lui. Non, vous ne pouvez pas m'aider. Mieux vaut aller au front et faire votre devoir. On ne sait pas à quel point les Français sont forts, et s'ils nous battent, vous savez ce que nous ferons." peuvent tous s'attendre à une vie morne dans une prison canadienne, ou pire.

Nous n'avions pas le temps d'en dire davantage, car les tirs avaient repris. Cela venait de trois côtés. L'ennemi restait caché derrière les arbres et ce n'était qu'occasionnellement que les Anglais pouvaient riposter.

« Vont-ils lancer une attaque générale, à votre avis ? a demandé Henry, de Gangley .

"Cela dépend de leur force", fut la réponse.

C'était une journée terriblement chaude et ceux qui se trouvaient derrière la fortification improvisée souffraient beaucoup de chaleur et de soif. Ce n'était qu'occasionnellement qu'un soldat français ou un Indien se présentait et souvent il était arrêté avant d'avoir pu retrouver un abri.

Bientôt, vers deux heures de l'après-midi, des cris féroces retentirent d'Indiens à l'ouest du fort, et l'on vit les Peaux-Rouges se déplacer à travers la forêt, bien qu'ils eussent soin de ne pas trop s'exposer à une attaque.

"Ils arrivent!" était le cri.

Mais Haldimand ne voulait se laisser surprendre par aucune ruse, et il divisa ses forces, une moitié pour faire face à l'attaque attendue des hommes rouges et l'autre moitié pour garder le côté sur lequel les Français se trouvaient encore.

Mais l'attaque n'a pas eu lieu. Pas plus d'une vingtaine d' hommes rouges se sont précipités à l'air libre, et lorsque trois d'entre eux ont été étendus sans vie par les rangers, ou les Royal Americans, comme ils étaient officiellement désignés, les autres ont reculé avec toute la rapidité possible.

Après cela, il y eut une autre accalmie, et Henry courut vers l'endroit où Barringford avait été placé. Il trouva le vieux frontalier appuyé contre des broussailles sur lesquelles étaient étalées deux couvertures. Il essaya de sourire au jeune.

"Je n'ai pas bien compris le mastic", a déclaré Barringford à voix basse. "Dans le cou, je ne peux pas parler."

"Alors ne dis plus un mot, Sam," répondit tendrement Henry. "Je suis heureux d'apprendre que ce n'est pas pire. Vous restez silencieux. Je pense que nous sommes en sécurité jusqu'à présent ;" et c'est tout ce qui fut dit entre eux.

"Il ira mieux dans quelques jours", dit le chirurgien. "Mais il a réussi à s'en sortir de justesse. Si la balle avait été coupée un demi-pouce plus profondément, elle aurait traversé sa trachée."

Lentement, les heures s'écoulèrent ensuite, avec seulement un coup de feu occasionnel. Mais maintenant, Haldimand élaborait ses plans pour se diriger vers l'ennemi. Quelques canons furent mis en jeu sur un certain bout de forêt devant le fort de barils de porc et quand ils furent déchargés, les cris qui suivirent dirent que les Français avaient été pris par surprise.

"Ils courent vers leurs bateaux !" fut l'annonce, peu de temps après. "Ils sont en retraite !"

Des acclamations s'élèvent à cette annonce et, malgré les ordres, certains rangers sautent par-dessus les tonneaux et les broussailles et se lancent à la poursuite des Français, qui semblent soudain pris de panique.

On vit que La Corne reculait effectivement. Les soldats français et les Indiens couraient dans toutes les directions et, dans l'excitation, une douzaine ou plus furent envoyés s'étaler sur le rivage.

"Après eux ! Après eux !" était le cri. "Ne les laissez pas s'échapper !" Et puis vint le craquement rapide des fusils, des fusils et des pistolets longs et trente ennemis furent tués et blessés. La Corne fut frappé du nombre, mais pas grièvement blessé.

Avec les rangers qui quittèrent le fort se trouvait Henry, et bientôt lui, Gangley et quatre autres pionniers se précipitèrent à la poursuite d'un certain nombre d'Indiens qui fuyaient sur les rives du lac. C'étaient les hommes rouges qui avaient fait d'Henry un prisonnier et il avait hâte de « régler ses comptes » avec eux.

Les Indiens avaient trois canots cachés dans les buissons et ils étaient impatients de prendre possession de l'embarcation. Après une course rapide de dix minutes , ils arrivèrent en vue de l'endroit où se trouvaient les canots. Mais alors les rangers ouvrirent le feu sur eux et deux des Indiens tombèrent, tous deux blessés. Les Indiens ont riposté avec un coup de fusil et plusieurs flèches, mais personne n'a été touché.

"Ils ne s'en sortiront pas si facilement !" s'écria Gangley , et alors que les hommes rouges sautaient dans leurs canots, il ouvrit à nouveau le feu. Les autres rechargeèrent à toute vitesse, et une volée fut lancée alors que l'engin léger s'élançait dans le lac. Un autre homme rouge fut amené au ras du sol et tomba à l'eau avec un bruit sourd, puis les canoës se retirèrent hors de portée à toute vitesse possible.

L'Indien tombé à l'eau était un étranger pour Henry. Il n'a pas été grièvement blessé et, ne voulant pas se noyer, il a débarqué, bien que manifestement terrorisé par les Blancs.

"Ne lui tire pas dessus !" s'écria Henry, alors que deux des autres levaient leurs armes.

"Pourquoi pas?" » dit d'une voix traînante l'un des rangers. "Estimez à quel point il le mérite , n'est-ce pas ?"

"Je veux l'interroger."

Quelques minutes plus tard, l'Indien était prisonnier, puis les rangers tournèrent leur attention vers les deux blessés qui gisaient à quelque distance en arrière. L'un était mourant, mais l'autre ne souffrait que d'une légère blessure à la jambe. L' homme rouge mourant a été laissé là où il était tombé et les autres ont été ramenés au fort.

Ce n'est que quelque temps plus tard qu'Henry eut l'occasion d'interroger les Indiens capturés. On parlait assez bien anglais mais ce n'était qu'avec difficulté que le jeune soldat pouvait lui faire dire quoi que ce soit sur les Indiens en général et les prisonniers qu'ils détenaient.

Mais après qu'Henry eut pris la peine de panser le blessé et de lui fournir de l'eau et de la nourriture, la langue de l'homme rouge se délia et il écouta ce qu'Henry avait à dire avec un intérêt accru.

"Oui, Missapaw a vu les petites filles", dit-il. "Deux sont de la même naissance et l'autre s'appelle 'Nell'."

"Et où sont-ils maintenant ?" » demanda Henry avec empressement.

"Ils sont avec quelques Indiens et quelques commerçants français, à l'ouest, près de la puissante chute des eaux."

"Tu veux dire les chutes du Niagara ?"

L'Indien hocha la tête.

"Et qui sont les commerçants français ?"

" Missapaw ne connaît qu'un seul d'entre eux : un commerçant de Kinotah .
"

"Quoi, tu ne parles pas de Jean Bevoir ?" s'écria le jeune soldat.

"Oui, c'est son nom."

"Et ils aident les Indiens à retenir les petites filles captives. Quel est leur but ?"

"Faire en sorte que les pères des petites filles paient bien le retour des petites", fut la réponse.

CHAPITRE XXVIII

QUELQUE CHOSE À PROPOS DE FORT NIAGARA

Revenons maintenant à Dave, au moment où il a été jeté dans les eaux du lac, en pleine tempête.

Pour l'instant après que les eaux se soient refermées sur lui, le jeune soldat était trop ahuri pour faire autre chose que d'écarter sauvagement les mains. Il essaya de crier et l'eau lui monta à la bouche, le noyant presque. Puis il bafouilla et se débattit, et plus par instinct qu'autre chose, il commença à se lancer.

Quand il revint, il prit une nouvelle inspiration et essuya l'eau de ses yeux. Il ne voyait que peu de choses dans l'obscurité, et bien qu'il entendît de nombreux cris et un ou deux cris provenant de bateaux éloignés, l'engin restait invisible pour lui.

Enfin un autre éclair lui montra qu'un batteau était tombé et lui montra aussi le marin-soldat qui se débattait près de lui.

"Bonjour!" cria l'autre, qui s'appelait Simon Lapp. "Savez-vous nager?"

"Oui, mais pas très bien", haleta Dave.

"Alors, avance par ici, le rivage est là-bas, et je pense que nous allons bientôt toucher le fond avec nos pieds."

Dave a fait ce qui lui a été suggéré et s'est rangé aux côtés de Simon Lapp. La proximité du marin-soldat a donné confiance au jeune, et il a fait de son mieux pour suivre l'homme.

C'était la baignade la plus difficile de sa vie et plus d'une fois, Dave avait l'impression que le poids de son uniforme allait l'abattre. Les deux hommes étaient seuls dans les environs, les autres ayant coulé ou s'étant dirigés vers les bateaux indemnes les plus proches d'eux.

Quand Dave fut presque épuisé , il se sentit au fond de lui et, main dans la main, lui et Simon Lapp pataugèrent jusqu'à terre. La pluie tombait maintenant plus fort que jamais, et tous deux rampèrent jusqu'à l'abri de quelques arbres en surplomb, indépendamment du danger de la foudre.

"Nous sommes dans le pétrin, c'est certain", observa Dave, lorsqu'il se sentit capable de parler. « Pensez-vous que quelqu'un viendra à terre pour nous ?

" Il est plus que probable que certains des bateaux aient été ramenés à terre, " répondit Lapp. "Soyons reconnaissants que nos vies aient été épargnées."

Dave était reconnaissant et, alors qu'ils étaient accroupis dans l'obscurité, il adressa une prière à Dieu pour sa miséricorde et pria pour que cette aventure puisse rapidement aboutir à une conclusion sûre.

Comme nous le savons, la tempête n'a pas duré longtemps et, à la tombée de la nuit, Dave et Lapp marchaient le long du rivage, à la recherche d'amis ou de signes des autres bateaux.

Mais, aussi étrange que cela puisse paraître, aucun bateau ne s'est montré, ni aucun être humain n'a été aperçu.

— Autant y renoncer, dit enfin le marin-soldat. "Je suis trop fatigué pour coller mes épingles un peu plus longtemps. Allumons un feu et séchons-nous."

Dave était d'accord et le feu a commencé, non sans beaucoup de difficultés. En longeant le rivage , ils avaient rencontré quelques petits poissons rejetés par la fureur du vent, qu'ils cuisinaient et mangeaient.

Le lendemain, Dave et Lapp étaient toujours dans les bois. D'une manière ou d'une autre, ils s'étaient éloignés du bord du lac et, avant la tombée de la nuit, ils avaient parcouru de nombreux kilomètres pour tenter de se redresser une fois de plus. Ils n'avaient plus trouvé de gibier, et n'ayant aucun moyen de tirer quoi que ce soit, ni même d'aller pêcher, ils mouraient presque de faim, faute de nourriture.

"Nous devons faire quelque chose", a déclaré Dave le lendemain matin. "Si nous ne le faisons pas, nous mourrons de faim. Je vais essayer d'abattre quelques oiseaux avec des bâtons et des pierres."

Il fit de son mieux, mais bien qu'il suivit son plan pendant une bonne heure, il ne toucha pas un seul oiseau, et à ce moment-là, son bras était si fatigué qu'il était hors de question de le lancer davantage. Entre-temps, son cours l'avait amené une fois de plus au bord du lac, et maintenant, pendant qu'il se reposait, Simon Lapp s'essayait à la pêche, avec un hameçon fait d'une épine et une ligne fabriquée avec les fils de sa chemise.

Mais le poisson ne voulut pas mordre et, au bout d'une heure , Lapp abandonna sa tentative, dégoûté. Chacun regarda l'autre d'un air interrogateur.

"Le lac est plein de poissons et les bois pleins de gibier - et pourtant il semble que nous étions destinés à mourir de faim, Morris", dit lentement Lapp.

"Oh, ne dis pas ça!" s'écria Dave. "Quelque chose peut arriver, ça doit arriver !"

Il avait à peine parlé que Lapp se leva d'un bond et désigna la rive du lac. "Un bateau!" il pleure.

Il y avait un point sur l'eau, et à mesure qu'il grandissait, Dave vit qu'il s'agissait bien d'un bateau, assez gros, portant une petite voile et en plus plusieurs hommes à la rame.

Ceux qui étaient dans le métier étaient-ils amis ou ennemis ? C'était une question intéressante, et Dave sentit son cœur battre rapidement. S'ils étaient amis, tout irait bien, mais s'ils étaient ennemis… ? Ils ne voulaient pas s'exposer, et pourtant il était hors de question de mourir de faim.

Alors que le bateau se rapprochait, ils rampèrent derrière des buissons et s'accroupirent hors de vue. Lentement, l'engin glissa vers le haut, jusqu'à ce qu'il se trouve à moins de cent mètres. Alors Simon Lapp bondit et balança sauvagement ses bras.

« Bateau, salut ! » il pleure. « Bateau, salut ! »

Les passagers de l'embarcation ont entendu l'appel et les rameurs ont arrêté de ramer, tandis que tous regardaient avec intérêt vers le rivage. Puis Dave poussa un cri.

"Henry ! Henri !"

"Bonjour, Dave, c'est toi ?" était la réponse.

"Oui. Entrez et embarquez-nous. Nous sommes presque affamés !"

"Combien d'entre vous êtes-vous là ?" » interrogea l'officier responsable du bateau.

"Seulement deux", répondit Simon Lapp. "Et sans armes en plus."

"Tout va bien, monsieur", dit Henry à l'officier qui commandait. "C'est mon cousin, qui a quitté Oswego sous le commandement du général Prideaux . Mais je ne sais pas ce qu'il fait ici."

Le bateau débarqua et bientôt Henry serra la main de Dave. Les affamés reçurent de la nourriture, et bien que celle-ci ne consistât en rien de meilleur qu'un peu de porc bouilli, avec des haricots et des craquelins qui n'étaient tout sauf frais, jamais un repas n'eut un goût plus sucré pour les deux hommes.

L'officier et les autres écoutèrent avec intérêt ce que Lapp et Dave avaient à dire. Ils avaient découvert les restes gorgés d'eau des bateaux détruits et surveillaient attentivement tout signe de corps flottants. Ils étaient tombés sur celui du lieutenant Naster et l'avaient enterré quelques heures auparavant. La nouvelle de la mort du lieutenant fit frissonner Dave.

Les rangers se dirigeaient vers la rivière Niagara, après avoir été envoyés par le colonel Haldimand avec un message au général Prideaux , l'informant de la défaite et de la retraite de La Corne . Il était possible que La Corne aille maintenant de l'avant pour aider à la défense du fort Niagara, auquel cas il faudrait prendre des mesures pour lui couper la route. Mais La Corne avait été trop fouettée pour se diriger vers l'ouest, et d'ailleurs on avait bientôt après besoin de lui dans d'autres directions.

Bien sûr, les nouvelles qu'Henry avait à dire sur les petites Nell et Jean Bevoir intéressaient beaucoup Dave.

"Est-ce que l'Indien vous a dit exactement où elle était détenue ?" Il a demandé.

" Il a dit qu'à sa connaissance, les captifs et les commerçants se trouvaient dans un village indien appelé Shumetta , à moins de trois kilomètres des chutes du Niagara. Il a déclaré que Jean Bevoir passait une partie de son temps à Shumetta et le reste à Venango, où il a chargé d'une compagnie de commerçants, qui entendent combattre dans l'armée française, si la guerre s'étend sur ce territoire.

"J'espère que Bevoir se battra et que nous aurons une chance contre lui !" s'écria Dave. "Je pense vraiment que je prendrais plaisir à le faire tomber, quel coquin qu'il est !"

Après les privations des deux derniers jours, Dave se contenta de se reposer tandis que le bateau filait à toute vitesse le long de la rive sombre et silencieuse du lac Ontario, présentant alors une ligne presque ininterrompue de forêts et de rochers, aujourd'hui les sites de de nombreux villages et villes prospères. Au fur et à mesure que l'engin avançait, une surveillance constante était assurée pour détecter une éventuelle voile française, mais aucune n'apparaissait.

Il fallut entre six et sept jours à la flottille du général Prideaux pour faire le voyage vers l'ouest, et ce n'est qu'au moment du débarquement des troupes que le bateau contenant Dave et Henry atteignit l'armée principale. Le général Prideaux fut immédiatement au courant de ce qui s'était passé à Oswego et parut très heureux de penser que la stratégie de La Corne ne lui avait servi à rien. Il savait déjà la perte du lieutenant Naster et de quatre autres personnes emportées par la tempête.

Dave et Lapp avaient été abandonnés pour perdus par leurs amis qui avaient échappé au naufrage du batteau, et leur réapparition fut saluée avec délice.

du général Prideaux était de débarquer à quelque distance du fort Niagara, puis d'assiéger l'endroit. Les soldats débarquèrent le plus silencieusement possible, les arbres, les rochers et les buissons les gardant bien cachés aux personnes présentes dans le fort. Puis, tandis que plusieurs compagnies restaient en arrière pour garder les bateaux et les bagages, le reste de l'armée se déplaçait à travers les bois, le corps du génie en avant, pour élever des retranchements dès qu'un tel mouvement paraissait nécessaire.

Le vieux fort, qui allait bientôt connaître ses derniers jours sous la domination française, se dressait sur la rive droite de la rivière Niagara, là où ce ruisseau pittoresque se jette dans le lac Ontario. Elle était à la fois grande et solidement construite, à l'instar des fortifications françaises de cette époque. À l'intérieur des défenses extérieures se trouvaient plusieurs bâtiments d'une importance considérable, car ce fort servait de gardien du lac et de la rivière depuis de nombreuses années.

Le commandant du fort était le capitaine Pouchot , un officier français compétent, qui avait participé à de nombreuses campagnes. Il avait sous ses ordres une force d'environ six cents soldats, des vétérans entraînés qui pouvaient se vanter de plus d' une victoire. Jusqu'à peu de temps auparavant, il y avait eu d'autres soldats dans les environs, mais ils ne songeaient pas à une attaque (car ses espions indiens avaient cette fois échoué) et l'officier français les avait laissé partir vers Venango et d'autres postes de traite. dans plusieurs villages indiens voisins. C'était le milieu de l'été, et les commerçants et les Indiens détestaient accomplir leur devoir militaire lorsqu'ils pouvaient abattre du gibier et faire du commerce.

CHAPITRE XXIX

LA BATAILLE PRÈS DES CHUTES

"Nous allons certainement nous battre maintenant, Henry!"

C'est Dave qui a parlé, alors qu'il examinait l'amorçage de son nouveau pistolet, pour s'assurer que l'arme était prête à l'emploi. "Avant-hier, ce petit pinceau a réveillé les Français, et ils nous attaqueront lourdement, s'ils le peuvent", a-t-il ajouté.

"Eh bien, nous sommes venus nous battre", répondit Henry en examinant lui aussi son arme. "Et je suppose que nous pouvons être reconnaissants, tout bien considéré, d'être ici pour les combattre et non pas tués, ou immobilisés comme l'est Sam Barringford ."

"J'espère que Sam s'en sortira et cela rapidement."

"Le chirurgien a dit qu'il le ferait, s'il restait silencieux pendant un moment. Mais c'est comme allumer une torche avec de la poudre à canon pour le faire taire quand une mêlée est en vue, c'est un combattant né."

Les deux jeunes soldats se tenaient derrière un parapet qui avait été soulevé tôt le matin. Les premiers ouvrages lancés par le corps du génie anglais s'étaient révélés intenables et les Français avaient tiré dessus avec un effet désastreux. Mais maintenant, ils étaient relativement en sécurité ; et les artilleurs anglais servaient leurs différents canons avec régularité et efficacité, brisant les rondins du fort en morceaux à presque chaque décharge.

Le fort était bombardé depuis plusieurs jours et les jeunes soldats étaient sur le pas de tir à trois reprises. Mais un seul de ces moments avait eu quelque conséquence : c'était lorsqu'un boulet de canon français, frappant des pierres détachées, leur avait envoyé ces dernières au visage, les égratignant tous les deux sur chaque joue et aveuglant un soldat qui se tenait entre eux.

Le bombardement avait été ouvert à assez longue distance, car le général Prideaux ne connaissait pas l'effectif exact de la garnison française. Or le digne général anglais était mort, tué le deuxième jour par l'explosion inattendue d'un obus alors que des artilleurs anglais le tiraient d'un petit mortier de bronze, généralement appelé coe -horn .

L'assassinat du général Prideaux plaça le commandement de l'expédition entre les mains de Sir William Johnson, qui jusqu'alors avait consacré toute son attention aux Indiens qui s'étaient portés volontaires pour aider leurs frères anglais. Johnson fut aussi prompt à agir que courageux, et après avoir posté ses Indiens là où il pouvait les appeler à tout moment, il fit faire aux

Anglais une autre avance le lendemain, ce qui amena le canon directement sur les parties les plus vitales. du fort.

Le capitaine Pouchot était alors complètement alarmé et, sous le couvert de l'obscurité, envoya des messagers dans diverses directions pour faire venir les soldats, les commerçants et les Indiens amis de Venango, de la Presqu'île , de Détroit et d'autres points. Ces différentes forces devaient se réunir à un moment donné près du lac Érié, puis descendre la rivière Niagara jusqu'au voisinage des chutes, où elles devaient débarquer puis avancer avec l'idée d'attaquer les Anglais par l'arrière.

Après avoir envoyé ses messagers, le commandant français s'engagea à faire de son mieux jusqu'à l'arrivée des renforts. L'attaque anglaise fut répondue avec entrain, de sorte que jour après jour l'air était rempli de balles et d'obus, lancés soit dans le fort, soit depuis celui-ci.

L'attaque mentionnée par Dave s'est produite en fin d'après-midi et a été suivie par une autre le lendemain et encore une autre deux jours plus tard.

C'était un travail brûlant, car le soleil de juillet brillait avec une vigueur sans faille , et si les jeunes soldats n'avaient pas été endurcis à la vie en plein air, ils auraient fait comme beaucoup de grenadiers anglais, tombés épuisés dans les retranchements. Il y avait une demande constante d'eau et il était heureux pour tous qu'un bon approvisionnement soit à portée de main. Ce même ravitaillement sauva plus d'une fois le fort de l'incendie.

Dave et Henry avaient espéré obtenir du général Johnson la permission de partir à la recherche de la petite Nell, emmenant avec eux plusieurs amis. Mais quand ils abordèrent le sujet, le courageux commandant irlandais secoua la tête.

"Cela ne vous servira à rien, jeunes gens", dit-il gentiment. "Restez avec moi, et si nous gagnons – comme nous le devons – je ferai tout mon possible pour sauver les enfants."

Le général était sûr de la victoire et son esprit se révéla contagieux à tous ses subordonnés. Au fil des jours, le bombardement du fort se poursuivait, jusqu'à ce que le capitaine Pouchot perde une bonne moitié de sa garnison. Il attendit avec impatience les renforts venus de l'amont du fleuve.

Mais s'il s'était attendu à surprendre Sir William Johnson en train de faire la sieste, il se trompait lourdement. Le commandant des forces anglaises était parfaitement éveillé et avait ses éclaireurs dans toutes les directions, parmi lesquels une douzaine de vieux forestiers et une bonne vingtaine d'Indiens sur lesquels on pouvait compter pour faire de leur mieux, quel que soit le risque. Il convient peut-être de mentionner que parmi ces éclaireurs se trouvait White Buffalo, qui les avait suivis d'Oswego à Fort Niagara, non seulement pour aider sir William Johnson, mais aussi pour aider les Morris à retrouver la petite Nell.

L'attaque du fort avait commencé le 7 juillet. Le vingt-quatrième, les espions apprirent qu'une force de Français et d'Indiens descendait la rivière en provenance du lac Érié. Ce corps de soldats, de commerçants et d'Indiens comptait douze cents hommes et était commandé par plusieurs officiers français de renom. Les commerçants étaient des plus sauvages et des plus anarchiques et beaucoup d'entre eux avaient l'habitude de s'habiller comme les Indiens et de s'enduire le visage de la même peinture de guerre.

La nouvelle de ce corps arriva tard dans la journée et cette nuit-là, le général Johnson ordonna d'avancer une grande partie de ses forces, dont des grenadiers, des rangers et ses Indiens. Les troupes ont été averties d'avancer sans faire de bruit inutile et d'être certaines de ce qui se passait avant d'ouvrir le feu.

"Maintenant, place aux vrais combats !" s'écria Dave. "Il ne s'agira pas d'une pièce telle que le siège du fort."

"Eh bien, cela n'a pas été un jeu d'enfant", répondit Henry. "Au moins, ce n'était pas un jeu quand ce boulet de canon est arrivé et a aveuglé le pauvre Campbell."

"Eh bien, je suis avec vous, les gars !" » fit une voix derrière eux, et se retournant rapidement, ils aperçurent Sam Barringford debout là, le fusil à la main, et la gorge recouverte d'un bandage.

"D'où viens-tu dans le monde ?" s'écria Henri. "Eh bien, tu devrais être à l'hôpital !"

vais assez bien , je peux vous le dire, même si j'admets que mon cou est un peu raide."

"Comment es-tu arrivé là?"

"Je suis arrivé sur un bateau qui apportait des munitions. Je pense que je plaisante à temps aussi, hein ?"

"Tu devrais y aller doucement, Sam", dit Dave. "Tu en as fait assez—"

« Coupe court, mon garçon ; je ne peux pas rester assis quand il y a une mêlée, il n'y a pas deux façons de le faire. De plus, j'ai promis à tes parents de rester avec vous, souviens-toi de cela , et je suis tenu de tenir ma promesse. " Venez, et dites-moi ce que vous avez fait depuis que nous nous sommes séparés. "

Tandis qu'ils avançaient péniblement le long du sentier indien qui longeait la falaise du côté est de la rivière Niagara, les jeunes racontaient leurs diverses aventures. Barringford fut étonné d'apprendre que Dave avait failli se noyer et mourir de faim et qu'Henry et d'autres étaient arrivés juste à temps.

"C'est l'œuvre d'une Providence toute-sage et toute-puissante, c'est comme ça, les gars", dit-il avec révérence. "Quand nous ne pouvons pas nous en empêcher , cela ressemble en plaisantant à un bras tendu vers les nuages pour nous soulever."

Les soldats continuaient leur route, certains gardant le sentier et d'autres longeant la rivière et l'épaisse forêt au-delà. Pour ceux qui montaient la garde pendant la journée, c'était une marche fastidieuse, mais la vie du soldat, comme j'ai eu l'occasion de le dire auparavant, n'est pas que gloire, mais est généralement un mélange d'un dixième de gloire et de neuf cents. -dixièmes de travail et d'accomplissement de devoirs.

Enfin vint l'ordre de bienvenue de s'arrêter. Les soldats étaient maintenant à moins d'un mile des chutes et dans le calme du petit matin, on pouvait entendre distinctement le grand corps d'eau qui tombait - un rugissement sourd qui continue jour et nuit maintenant, tout comme à cette époque et juste comme cela a probablement été le cas pendant des siècles et des siècles.

Les rangers auxquels appartenaient nos amis s'arrêtèrent dans un petit bosquet d'arbres et Dave et Henry furent tous deux heureux de ne pas être appelés à faire du piquet. Ils se laissèrent se reposer et, malgré le ton d'excitation observable de partout, tombèrent dans un léger sommeil dont Barringford ne les réveilla que lorsque cela était absolument nécessaire.

Lorsqu'ils se réveillèrent, des cris violents retentirent au loin, suivis de plusieurs coups de feu dispersés. La lutte s'était ouverte entre les Mohawks d'un côté et les Iroquois de l'autre. Bientôt, les commerçants français se jetèrent dans la mêlée, puis les soldats des deux côtés les suivirent.

Les Français et leurs alliés avaient contourné les chutes par le sentier de portage et la bataille commença à peu de distance en aval des chutes. Les Indiens se sont battus comme autant de démons, les deux camps prenant autant de scalps que possible. Bientôt, la forêt et les espaces ouverts furent remplis de fumée d'armes à feu.

"Avant!" est venu le cri. "En avant ! Il faut les repousser ! Ils ne doivent jamais atteindre le fort !" Et nos amis avancèrent, et un instant plus tard, Dave, Henry et Barringford se retrouvèrent au plus épais de la mêlée.

Des commerçants à l'air sale les ont confrontés, plusieurs Dave en avaient vu auparavant, sur le Kinotah , et certains d'entre eux ont fait de leur mieux pour faire tomber le fils du commerçant anglais qu'ils détestaient tant. Mais Dave n'a pas été touché, même si une balle a traversé sa veste. La ruée des rangers anglais fut couronnée de succès et bientôt les Français se dispersèrent à droite et à gauche.

Mais maintenant, un corps de soldats français avançait à toute allure. Les rangers n'eurent pas le temps de recharger leurs armes et se précipitèrent alors pour un combat au corps à corps, comme les soldats d'aujourd'hui connaissent peu ou rien, où la baïonnette rencontrait le mousquet matraqué et l'épée le long et tout aussi dangereux couteau de chasse. du pionnier, et où de nombreux conflits étaient réglés en peu de temps à poing nu, si aucune meilleure arme n'était à portée de main. C'était le moment de faire ressortir le « vrai courage » dans le meilleur sens du terme.

Henry avait déchargé son fusil et essayait maintenant d'abattre deux soldats français qui l'avaient attaqué avec leurs baïonnettes. Il frappa l'un des ennemis à la tête, le faisant chanceler, mais la force du coup lui fit perdre l'équilibre et lui aussi tomba, mais seulement à genoux.

"Ha ! maintenant nous t'avons !" s'écria un autre soldat français, tout près, en voyant Henry glisser, et baissant sa baïonnette, il chargea sur le jeune homme, avec l'intention de le transpercer sur-le-champ !

CHAPITRE XXX

DANS LES RAPIDES DU NIAGARA

Pour le moment, il semblait que le dernier moment du pauvre Henry sur terre était arrivé et que le jeune soldat fermait les yeux pour affronter le sort qu'il pensait impossible à éviter.

« De retour avec toi ! » cria Dave, et faisant un bond en avant, il lança son mousquet matraqué vers la tête du soldat français. Le coup, cependant, n'effleura que la casquette de l'ennemi, qui tomba sur la pelouse. Puis le Français recula et fit un autre bond désespéré en avant.

Il a balancé son mousquet matraqué sur la tête du soldat français.

A cet instant, une détonation de fusil retentit. Sam Barringford , qui venait de recharger son arme, avait vu Henry tomber et avait été aussi prompt à agir que Dave. Il était dans une position telle qu'il ne pouvait pas avoir une vue complète du Français, mais il pouvait voir les bras tendus et le fusil à baïonnette, et il a tiré sur ceux-ci.

Son objectif était juste, et avec un hurlement de douleur, alors que la balle lui fracassa l'articulation du coude, l'ennemi laissa tomber l'arme juste au moment où la pointe de la baïonnette pénétrait dans le tissu de la veste d'Henry. Puis, se retrouvant blessé et sans défense, le Français ne perdit pas de temps pour battre en retraite et fut bientôt perdu de vue derrière les arbres.

Ce n'était pas le moment de remercier Barringford pour ce qu'il avait fait, car les combats continuaient de tous côtés. Dave aida son cousin à se relever, et bientôt le couple, avec le fidèle vieux pionnier, se retrouva de nouveau au cœur de la mêlée. La forêt était lourde de fumée d'armes à feu, de sorte que par endroits on ne pouvait voir que peu de choses, et plus d'une fois il arrivait qu'un camp ou l'autre tirait sur les rangs de ses amis.

En moins d'un quart d'heure, nos amis se trouvèrent dans une sorte de terrain découvert bordant la rivière, à un endroit où les rapides se précipitaient furieusement sur les rochers pour se diriger vers le lac. Ici, alors qu'ils avançaient pour rejoindre un corps de soldats anglais à cinquante mètres de là, ils furent soudainement confrontés à un corps d'Iroquois qui tomba sur eux en poussant les cris de guerre les plus horribles que les jeunes aient jamais entendus et en brandissant leurs tomahawks et leurs armes. couteaux à scalper.

« Sur vos gardes, alors ! venait de Barringford . "Ils nous suivent avec enthousiasme maintenant!"

Il se retourna, et comme l'Iroquois le plus proche arrivait à une douzaine de pas de lui, il laissa au sauvage le contenu de son fusil plein dans la poitrine, le tuant sur le coup. Puis les garçons ont également tiré, blessant deux autres personnes. Cela arrêta les Indiens pour le moment, mais se rétablissant rapidement, ils s'élancèrent en avant avec une fureur accrue, déterminés à ajouter les scalps des trois Blancs à leurs ceintures avant que la bataille ne prenne fin.

C'est Dave qui s'est retrouvé le premier attaqué. Un grand Iroquois, droit comme une flèche, se jeta sur lui et tenta de le poignarder avec un couteau de chasse. Le jeune soldat para le coup avec son fusil et, en un instant, les deux hommes se retrouvèrent enfermés dans les bras l'un de l'autre et se balancèrent d'avant en arrière sur les rochers. L'Indien marmonna quelque chose entre ses dents serrées, mais Dave ne comprit pas ce qui se disait.

Henry et Barringford furent également attaqués, ils ne purent donc rien faire pour leur compagnon. Les Iroquois étaient dix, et bientôt il sembla que tous nos amis allaient sans aucun doute être tués et scalpés.

L'Indien qui avait attaqué Dave avait serré désespérément la gorge du jeune soldat. Mais Dave avait attrapé le poignet si rapidement poussé en avant, et maintenant les deux se battaient avec un bras de chaque poussée vers l'extérieur et vers le haut et l'autre enroulé étroitement autour du cou de l'ennemi. Ainsi, ils se balançaient d'avant en arrière, chacun faisant de son mieux pour obtenir un avantage et chacun échouant. Tous deux regardèrent autour d'eux, pensant qu'une éventuelle aide pourrait être à portée de main, mais tous les autres engagés dans le combat étaient trop occupés pour les remarquer.

Lentement mais sûrement, les deux hommes se rapprochèrent du bord de la rivière, qui à cet endroit se trouvait à quinze ou vingt pieds au-dessous du rebord rocheux sur lequel se déroulait le combat. Dans le ruisseau, les rapides tourbillonnaient et bouillonnaient dans toutes les directions, envoyant parfois une pluie d'embruns jusqu'à leurs pieds. L'humidité rendait les rochers glissants et tous deux faisaient tout ce qu'ils pouvaient pour conserver leur équilibre.

Finalement, Dave parut obtenir un léger avantage. L'Indien relâcha sa vigueur pendant un instant et, pendant cette fraction de temps, le jeune soldat l'attrapa à la gorge et le serra tellement que la trachée de l'homme rouge était presque disloquée.

À cela, l'Indien poussa un grognement et commença à reculer, mais garda toujours sa prise sur Dave. Cela a rapproché plus que jamais le couple du bord des rochers.

"Attention!" » cria soudain Henry, qui avait vu le mouvement. "Dave ! Dave ! Attention !"

Dave a entendu le cri, mais était impuissant à y prêter attention. Tout au bord, les rochers étaient usés et lisses, et tout d'un coup l'Indien glissa en arrière, entraînant le jeune soldat avec lui ! Tous deux s'envolèrent, dans les embruns volants, pour disparaître un instant plus tard sous la surface des rapides féroces.

Henry vit la chute et son cœur fit un bond dans sa gorge, car il sentait que cela ne pouvait signifier qu'une chose pour son cousin, et cette mort. Mais même s'il avait pu faire quelque chose, ce qui était douteux, il n'avait aucune chance, car maintenant les Iroquois qui avançaient l'entouraient ainsi que Barringford de tous côtés.

La scène qui allait suivre était difficile à décrire pour une plume. Sentant que c'était peut-être son dernier combat sur terre, Barringford fit preuve de toute sa volonté et, une fois de plus, il fut l'incarnation même d'un courage téméraire, tout comme il l'avait été lorsque les Indiens avaient attaqué le poste de traite de Kinotah . Avec son mousquet matraqué, il tournait de droite à gauche et de gauche à droite si rapidement que l'œil humain pouvait à peine le suivre.

"Allez, sarpints rouges des bois !" il cria. "Allez, et je vais vous montrer le vrai truc pour vous battre ! Vous ne savez pas à quel point l'ouragan rugissant et fanfaronnant est le vieux Sam Barringford quand il se réveille, n'est-ce pas ? C'est un pour vous, un " C'en est un autre, et un autre ! Lâchez-moi, voulez-vous ! Je vais vous montrer ce que font les vieux combattants indiens du genre ! Oui " Rien de grand mais beaucoup de misérables papous , c'est ce que vous êtes, et n'allez pas réveiller un peintre de montagne aussi rugissant que moi ! "

Barringford venait d'abattre son troisième Indien et y était toujours, avec Henry prêtant toute l'aide possible, lorsqu'un cri de guerre retentit soudain des bois au nord de l'ouverture. C'était le cri des Indiens amis des Anglais, et à peine avait-il pris fin que White Buffalo apparut, suivi de plusieurs de ses braves.

Un coup d'œil informa le chef de ce qui se passait, et sans tarder, il sauta au secours de nos amis, et un instant plus tard, les hommes rouges des deux côtés livraient une bataille aussi chaleureuse que celle qui venait de se terminer. Mais les Iroquois avaient souffert de tout ce qu'ils pouvaient supporter, et bientôt ceux qui étaient capables de bouger furent en pleine retraite, tandis que les autres furent tout aussi rapidement expédiés et scalpés par les hommes rouges qui les avaient mis en fuite.

Dès qu'il fut libre de le faire, Henri s'approcha du bord des rochers, pour s'assurer, s'il était possible, de ce qu'était devenu son cousin. Ici, alors qu'il scrutait avec impatience les rapides et les embruns, Barringford le rejoignit. Tous deux souffraient de plusieurs petites blessures d'où le sang coulait abondamment, mais à ce moment-là ils n'y prêtaient aucune attention.

" Où est Dave ?" » fut la question du frontalier, alors qu'il commençait à recharger son fusil.

"Pourquoi, tu ne l'as pas vu, Sam ? Lui et un Peau-Rouge se sont tenus à la gorge et tous deux sont allés dans la rivière."

" Gollywhoppers , Henry, tu ne le penses pas ! C'était quand ? "

"Juste avant l'arrivée de White Buffalo et de ses braves."

"Et ils sont allés juste ici ?"

"Oui."

Barringford regarda brusquement le courant pendant près d'une demi-minute, tandis qu'Henry faisait de même.

"Je ne les vois pas, n'est-ce pas ?" dit-il lentement.

"Non." Henry inspira longuement et frissonna. "Oh, Sam, je—j'espère que Dave ne s'est pas noyé !"

À cela, le paysan haussa les épaules.

"Je l'espère aussi, mon garçon. Mais la guerre est une guerre dont vous devez vous souvenir, et nous ne pouvons pas nous attendre à tuer l'ennemi en cours de route. " Rien ne nous arrive."

"Oui, mais..." Henry ne put terminer à cause de la boule qui lui montait dans la gorge. "Je vais suivre la rivière et voir si je n'arrive pas à découvrir la vérité", lâche-t-il enfin.

"Bien sûr. Allez."

Les combats semblaient maintenant terminés dans ce quartier, et bien qu'on entendît des coups de feu en direction des chutes et plus au sud, pas un soldat français ni un Indien hostile ne restaient en vue.

Car la journée avait été irrémédiablement perdue pour l'ennemi, et avec cent cinquante Français et Indiens tués et plus d'une centaine de Français faits prisonniers, le reste de la force attaquante s'était enfui dans une folle confusion au-delà des chutes et des rapides supérieurs vers où reposaient les bateaux qui les avaient amenés du lac Érié. Dans ces bateaux, ils tombèrent à toute vitesse et filèrent dans la direction d'où ils venaient. Ils furent suivis par quelques Anglais et par des Indiens, qui coururent le long du rivage sur une distance d'un demi-mille, abattant tous les ennemis qui pouvaient être atteints par une balle ou une flèche.

CHAPITRE XXXI

CHUTE DU FORT NIAGARA

Dave et son ennemi étaient si déterminés à prendre le dessus l'un sur l'autre qu'ils ne remarquèrent pas leur proximité avec la rivière jusqu'à ce qu'il soit trop tard pour faire quoi que ce soit pour se sauver.

Ils descendirent à travers les embruns volants pour frapper les eaux bouillantes qui coulaient si rapidement au pied des rochers. Tous deux ont sombré comme un éclair et ont été emportés avec la même rapidité par ce courant perfide qui a causé la mort de tant de personnes dans le passé et qui entraînera très probablement la mort de bien d'autres à l'avenir.

L' homme rouge ne relâcha pas son emprise, même lorsque les deux hommes étaient sous la surface depuis un certain temps. Pour lui, c'était une lutte à mort, et il ne se souciait pas de savoir comment cette terreur sinistre pourrait survenir, tant que l'homme blanc détesté descendrait avec lui.

Mais Dave, beaucoup plus jeune, et avec l'espoir de la jeunesse dans les veines, n'entendait pas abandonner aussi facilement. Alors que les eaux de la rivière se refermaient sur lui, l'idée d'une nouvelle bataille avec son adversaire cessa, et sa seule pensée était maintenant de savoir comment se sauver de la noyade. Il avait été prévenu de la trahison du ruisseau et il savait que ne pas périr ne serait pas une tâche facile.

Avec toute la force dont il disposait, il essaya de repousser l'Indien loin de lui. Mais le guerrier s'accrochait davantage, car il ne savait pas nager et savait qu'il ne gagnerait rien à être laissé à lui-même. Ainsi les deux hommes continuaient à lutter, et pendant ce temps le courant les emportait de plus en plus loin de l'endroit où s'était produit la malheureuse chute.

"Je dois me libérer d'une manière ou d'une autre !" pensa le jeune. "Si seulement je pouvais briser cette emprise sur ma gorge !" Mais la prise était comme celle d'une bande d'acier, et au lieu de se desserrer, elle semblait se resserrer, jusqu'à ce que la tête du pauvre Dave commence à tourner et qu'il se croie perdu. Il releva son genou et le pressa contre la poitrine de l'Indien, mais ses efforts n'eurent toujours aucun effet. Et maintenant, l'eau commença à entrer dans sa bouche et dans son nez et il se sentit perdre connaissance. Mille pensées lui traversèrent l'esprit – celles d'Henry et de Sam, ainsi que de son père et des autres êtres chers laissés derrière lui. Était-ce la fin de tout, cette noyade sous l'emprise d'un Indien hideusement peint ?

Soudain, un choc terrible a projeté les talons de Dave par-dessus la tête dans les eaux tourbillonnantes. Au cours de leur rapide descente du ruisseau, la tête de l'Indien avait heurté franchement et directement un rocher déchiqueté juste sous la surface. L'impact effrayant du coup avait écrasé le crâne du guerrier comme une coquille d'œuf, et instantanément sa prise se relâcha, et en un instant plus tard, le corps disparut de la vue.

Le choc a projeté Dave sur un autre rocher, s'élevant à moins d'un pied au-dessus de la surface du ruisseau. Au milieu de l'écume et des embruns, il sentit le bord de la pierre et, par instinct plus que raison, il s'y agrippa sauvagement et s'y tint fermement. Puis, tout en reprenant son souffle, il se releva jusqu'à ce que sa tête et son dos soient hors de l'eau. Ses pieds se balançaient avec le courant et il restait là, l'eau le tirant fortement pour l'entraîner vers le bas de son lieu de sécurité temporaire.

Il était dans cette position lorsqu'il fut découvert par les yeux perçants de Henry et Sam Barringford , et avec toute la vitesse possible, ils coururent jusqu'au bout de rivage qui dépassait à moins de trente pieds du lieu de repos de Dave.

"Dave ! Dave !" appela Henri. "Est-ce que vous allez bien?"

"Henry ! Aide-moi ! Je... je ne peux plus supporter cette tension plus longtemps", fut la réponse, délivrée avec un sursaut et un halètement.

"Nous devrons tirer une corde", est venu de Barringford . Il éleva la voix. "Tiens bon, Dave, et nous te sauverons !"

Il était alors en fuite et Henry l'entendit s'écraser sur le sentier du portage. Dave n'entendait que le martèlement et le déferlement du torrent de la rivière de tous côtés. Il regarda son cousin à travers les embruns et l'appel alla droit au cœur d'Henry.

Le jeune soldat regarda autour de lui. Non loin de là poussaient un certain nombre de jeunes arbres. Il bondit vers le plus proche et, avec son couteau de chasse, commença à le tailler. La tâche était presque terminée lorsque Barringford réapparut.

"Je pensais que je savais Où pourrais-je trouver une corde," dit le paysan en brandissant l'article. "J'ai vu un Français mort avec elle il y a quelques instants. Je vais acheter un arbre, hein ? Peut-être en aurons-nous aussi besoin. Essayons d'abord la corde.

Il fit un nœud coulant et le lança avec précaution. Il a glissé près de l'endroit où se trouvait Dave, mais le jeune n'a pas réussi à le saisir. Ensuite, la corde fut lancée une deuxième et une troisième fois.

Finalement, Dave attrapa le nœud coulant et parvint, non sans grandes difficultés, à le faire glisser le long de son bras gauche, au-dessus du coude.

Cela lui laisserait les mains libres pour lutter contre tout obstacle qui pourrait le menacer dans le passage dangereux du rocher au rivage.

"Es-tu prêt à être arrêté ?" » demanda Barringford .

"Oui, mais soyez prudent. Il y a un rocher pointu juste en dessous de ce point. Je viens de l'apercevoir", répondit Dave.

"Nous vous remonterons le cours d'eau, si nous le pouvons", répondit l'homme des bois.

Un instant plus tard, Dave se retrouva de nouveau dans le courant fou. Plantant fermement leurs pieds entre les fissures des rochers sur le rivage, Henry et Barringford arrivèrent le plus rapidement possible.

Comme tout le monde l'avait supposé, le courant a balancé Dave vers le bas du ruisseau, puis l'a projeté le long des rochers bordant la berge. Tenant toujours la corde, Barringford a dit à Henry de courir et d'aider son cousin à sortir de l'eau, ce que le jeune soldat a fait.

Le pauvre Dave était plus mort que vivant et, pendant une bonne demi-heure, il se sentit trop faible pour quitter la rive de la rivière. Pendant qu'il se reposait, avec les autres à ses côtés, un petit détachement de grenadiers anglais arriva.

« La bataille est finie », dit l'un d'eux en réponse à la question de Barringford sur ce point. "Nous les avons bien fouettés , et il est peu probable qu'ils reviennent un jour pour réessayer."

"Si c'est le cas, alors cela signifie la chute du fort Niagara", intervint Henry. "Le commandant là-bas attendait sans aucun doute des renforts."

"Eh bien, nous sommes ici pour faire capituler le fort", répondit le soldat anglais.

Les soldats avaient avec eux quelques rations, y compris du café, et après que Barringford eut allumé un feu pour que Dave puisse se sécher, le jeune reçut quelque chose de chaud à boire, ce qui contribua beaucoup à le ranimer.

Ce qu'Henry avait dit à propos de la chute du fort était vrai. Le soir même, le général Johnson envoya un major Harvey au commandant du fort, avec la nouvelle de la défaite aux chutes et déclarant que le fort ferait mieux de se rendre immédiatement, sinon les Indiens amis des Anglais pourraient se mettre en tête de massacrer. tous les prisonniers français.

Au début, le capitaine Pouchot ne pouvait pas croire que le désastre pour la cause française ait été si grand, et pour le convaincre, il fut autorisé à envoyer un aide dans le camp britannique. L'assistant rapporta que la bataille était effectivement perdue et, tôt le lendemain matin, le fort Niagara se rendit et six cent dix-huit officiers et hommes furent faits prisonniers anglais. Plus tard, la majorité des prisonniers furent envoyés en Angleterre tandis que les femmes et les enfants qui avaient été conduits au fort pour se protéger furent, à leur demande, autorisés à partir pour Montréal.

La chute du fort Niagara accomplit tout ce que le gouvernement anglais et les colons espéraient. Il brisa la chaîne de défenses que les Français avaient établie entre les lacs et le bas Mississippi, et peu après ce désastre, les ennemis furent contraints de quitter Venango, la Presqu'île , La Bœuf et d'autres points, y compris les postes de traite sur l'Ohio et le Kinotah . Ils se retirèrent à Détroit et sur la rive supérieure du Saint-Laurent, et les Anglais et les colons prirent rapidement possession des places libérées.

Il n'a pas été jugé nécessaire que Dave et ses amis reviennent à proximité du fort le lendemain, et eux et un groupe de rangers au nombre de dix-huit campèrent le long de la rive du Niagara. Deux des rangers souffraient de blessures aux épaules, et Dave et eux furent installés aussi confortablement que possible, de sorte que la nuit suivante, le jeune soldat se sentit à nouveau lui-même.

"Mais je ne veux plus jamais tomber dans cette rivière", dit-il à Henry avec un frisson. "J'avais l'impression que chaque minute allait être la dernière."

"Oui, tu as eu de la chance," répondit son cousin. "Pense à ce que ce Peau-Rouge a eu. Cela aurait pu être ta tête au lieu de la sienne."

" J'ai déjà vu cet Indien, Henry. Je ne peux pas dire où exactement, mais je pense qu'il était au poste de traite de mon père. "

" Ce n'est pas improbable. Je suppose que tous ces Indiens français voyous sont venus avec les soldats et les commerçants français pour nous anéantir. Eh bien, ils ont obtenu ce à quoi ils s'attendaient le moins. "

Pendant que la plupart des rangers se reposaient, plusieurs d'entre eux partaient à la recherche du gibier, car les provisions commençaient à manquer. La plupart des oiseaux et des animaux sauvages avaient été effrayés par le bruit des combats, et les chasseurs durent parcourir plusieurs kilomètres avant de trouver ce qu'ils cherchaient.

En revenant au camp au bord de la rivière, ils entendirent un homme appeler faiblement en français, et se dirigeant vers le son, ils découvrirent un commerçant français étendu dans des broussailles, couvert de sang et de terre, image de faiblesse et de désespoir. Le commerçant avait reçu une balle dans la jambe et ne pouvait pas marcher et souffrait du manque de nourriture et d'eau ainsi que du manque de soins pour sa blessure.

"Pour l'amour du ciel, ne me laisse pas ici", supplia-t-il pitoyablement. " Aidez-moi, gentils messieurs, et je le ferai je vous respecte vraiment .

Le commerçant était évidemment un homme rude, mais les rangers avaient pitié de lui, même s'il appartenait aux rangs ennemis. De la nourriture et des boissons furent fournies, la blessure lavée et pansée, puis les rangers emmenèrent le prisonnier avec eux au camp.

Dave et Barringford virent les rangers revenir et, à la vue du prisonnier, Barringford se leva d'un bond, très excité.

"Jean Bévoir !" il s'est excalmé. "Jean Bevoir , plaisanterie aussi sûre que le destin !"

« Bévoir ! » » éjacula Dave.

« Bévoir ? » répéta Henry, qui se tenait près de lui . "Voulez-vous dire que ce type est Bevoir ?"

"C'est!" » répondit Barringford . "Il est blessé aussi."

Sans attendre d'en savoir plus, Henry, suivi de Dave, courut vers l'endroit où le prisonnier avait été placé sur un talus couvert de mousse.

"Vous êtes Jean Bevoir ", commença-t-il sévèrement.

"Ah ! tu me connais, hein ?" répondit le commerçant français. "Je n'ai pas l'air de te connaître ?" et un air perplexe traversa son visage.

"Alors je vais te dire qui je suis!" rugit Henry en serrant les poings. "Je suis Henry Morris, de Will's Creek. Voici mon cousin Dave Morris. Vous avez aidé à voler ma petite sœur Nell. Où est-elle ? Dis-le-moi tout de suite !"

Alors qu'Henry avait fini , il s'avança, comme pour frapper le prisonnier là où il était assis. Jean Bevoir pâlit et trembla de peur.

"Non ! non ! ne me réponds pas !" il pleure. "Je ne fais pas ça . Eet c'est une erreur ! Je ne vois pas cette fille ! JE--"

"Ne me parle pas de cette façon!" interrompit Henry, dont le sang était tout à fait excité. "Vous me direz où elle est, et tout de suite, ou je vais—je vais—" il hésita et regarda autour de lui, puis attrapa une arme à feu qui se tenait à proximité . "Je vais te faire exploser la tête, c'est ce que je vais faire !"

Il est douteux qu'Henry aurait mis sa menace à exécution, mais ses manières étaient si sérieuses que pour une fois Jean Bevoir , blessé comme il l'était, était presque mort de peur. Il leva les mains en signe de supplication. Puis il regarda les rangers rassemblés autour ; mais personne ne lui vint en aide, car tout le monde était au courant de ses actes, de la façon dont les petites Nell et les jumelles Rose avaient été emmenées en captivité par les Indiens et de la manière dont Bevoir avait comploté pour les retenir contre rançon. Beaucoup le considéraient comme un brigand ou un pirate, et n'auraient pas regretté que sa misérable existence ait pris fin sur-le-champ.

"Non non!" s'écria le marchand en joignant les mains tremblantes devant lui. "Pas de tir, s'il vous plaît!"

"Alors dis-moi où est ma petite sœur !"

« Je… je ne sais pas à quel point … maintenant. Je… je… les Indiens se sont enfuis, et… »

Bevoir s'interrompit net. Le fusil avait été abaissé, mais maintenant il était de nouveau relevé et le canon touchait son front. Il poussa un cri de terreur et recula.

"Arrêtez ! Non, tirez-moi ! Je vais tout vous dire !" il a crié. "Pas de tournage ! Elle est dans la grotte en amont de la rivière, près des chutes. Les Indiens lui apportent un défi. Pas de tournage ! Je montre l'endroit. Pas de tournage !"

"Dans une grotte près des chutes ?" demanda Henri.

" Oui , oui ! Pas loin d'ici. Elle ose maintenant, si elle ne court pas disponible . Je montre, tu ne me tires pas dessus!"

"Alors montrez le chemin", ordonna Henry. "Et rappelez-vous, si vous mentez, cela sera dur pour vous."

CHAPITRE XXXII

PETITE NELL—CONCLUSION

Jean Bevoir était maintenant complètement intimidé, et une fois exposé, il fit tout ce qui était en son pouvoir pour s'attirer les faveurs de ceux à qui il avait si profondément fait du tort, dans l'espoir qu'ils céderaient dans leur traitement envers lui et lui accorderaient peut-être sa liberté ultime. Mais ni Henry ni les autres ne voulaient lui faire de promesses, car personne n'avait l'intention de le laisser libre.

"Il mérite d'être prisonnier", a déclaré Dave. "Et il devrait être mis à l'isolement et au pain et à l'eau."

"Vous avez raison, mon garçon", a déclaré Barringford . "Ce n'est pas une mauviette ni un serpent dans l'herbe. Je ne m'étonne pas qu'Henry ait eu envie de le poivrer sur-le-champ."

On était déjà au milieu de l'après-midi et les rangers qui étaient partis à la chasse étaient complètement fatigués, mais il fut convenu que ceux qui étaient restés au camp se dirigeraient sans délai vers la grotte près des chutes, après avoir obtenu des instructions minutieuses. de Jean Bevoir , afin qu'il n'y ait aucune chance de se tromper de parcours. Une garde stricte fut ordonnée sur le commerçant et on lui fit comprendre que si quelque chose n'allait pas chez ceux qui se mettaient à la recherche de la petite Nell et des autres, la faute retomberait sur lui.

Il faut dire que le cœur d'Henry et de Dave battait à tout rompre alors qu'ils avançaient sur le sentier menant aux chutes. Henry, comme nous le savons, aimait beaucoup sa petite sœur, et l'affection de Dave pour sa petite cousine n'était guère moins forte. Durant toute la campagne, il n'y a pas eu un jour où l'on n'ait pas pensé à elle et à ce qu'elle devait souffrir.

Barringford a mené l'avancée, après avoir interrogé Bevoir de si près qu'il a déclaré qu'il pensait pouvoir trouver la grotte dans l'obscurité. Alors que le groupe avançait, tous gardaient les yeux et les oreilles grands ouverts pour une éventuelle surprise de l'ennemi.

Mais comme nous le savons déjà, les Français et les Indiens s'étaient enfuis en direction de leurs bateaux au-delà des rapides supérieurs, et les seules personnes rencontrées étaient une demi-douzaine de braves commandés par White Buffalo, qui étaient en mission d'espionnage pour le compte du général Johnson.

"Je suis très heureux de voir Dave en bonne santé", a déclaré White Buffalo lors de leur rencontre. "Écoutez Dave entrer dans les eaux tumultueuses. Heureux que Dave en soit sorti."

"Alors je suis content, White Buffalo. Et comment t'es-tu débrouillé dans la bataille ?"

Pour toute réponse, le chef montra sa ceinture à laquelle pendaient deux scalps d'Indiens fraîchement prélevés. Puis il désigna les ceintures de ses disciples, toutes ornées de la même manière. Dave hocha la tête pour montrer qu'il comprenait.

De nos jours, une telle démonstration ferait frissonner, mais à l'époque coloniale, la prise de scalps par les Indiens était un phénomène si courant qu'elle suscitait peu ou pas de commentaires, surtout lorsqu'elle était pratiquée sur un ennemi de la même couleur. Quelques soldats français avaient été scalpés, mais pas beaucoup, puisque le général Johnson avait donné des ordres stricts interdisant toute mutilation des Blancs. En revanche, les Indiens français engagés dans la bataille avaient commis toutes les atrocités possibles avant de se retirer vers le haut du fleuve et les bois.

Apprenant ce qui se passait, White Buffalo demanda le privilège de se joindre à la fête avec l'un de ses braves, ce qui fut facilement accordé. Ils repartirent, à travers les épais sous-bois et autour des rochers rugueux, car à l'époque où se trouve aujourd'hui la ville de Niagara Falls, c'était presque un désert complet.

Enfin, White Buffalo s'arrêta et désigna le sol. Barringford surveillait attentivement la piste.

"Des empreintes fraîches, hein, White Buffalo ?" demanda le frontalier.

— Des Indiens à proximité, répondit gravement le chef. "Pas d'amis pour les Anglais."

"Alors nous irons lentement."

L'Indien grogna et le mot fut passé pour que chaque soldat soit sur ses gardes. Barringford calculait maintenant qu'ils se trouvaient à moins d'un quart de mile de l'endroit où Jean Bevoir avait indiqué que la grotte était située.

Soudain, un coup de feu retentit, suivi du sifflement d'une flèche au-dessus de la tête de Barringford . L'un des rangers avait été touché à l'épaule, bien que la blessure soit insignifiante.

"Par ici", cria Barringford , qui avait été choisi comme chef, et tous le suivirent jusqu'à un fourré. Un instant plus tard, ils avaient aperçu plusieurs Indiens et deux commerçants français se précipitant le long d'un sentier menant à la rive de la rivière au-dessus des chutes.

"Regarde regarde!" s'écria soudain Dave. "Il y a la petite Nell maintenant ! Un Indien la tient dans ses bras !"

Il avait raison, et bientôt ils aperçurent deux autres Indiens qui portaient les jumelles Rose. Le trio sombre n'apparut qu'un instant, puis disparut hors de vue dans le bois.

Avec un cri aux autres à suivre, Dave se précipita vers l' homme rouge qui tenait la petite Nell, et Henry, Barringford et White Buffalo se rapprochaient de lui. Ils continuèrent leur route à travers des fourrés qui arrachèrent presque les vêtements de leurs corps et sur des rochers rugueux. Les Indiens semblaient connaître le chemin et gardaient une bonne distance d'avance malgré leurs fardeaux.

Mais maintenant, ceux qui étaient devant devaient franchir une petite ouverture, et ce faisant, Barringford et White Buffalo ont tiré sur eux, faisant tomber deux d'entre eux. C'étaient les Indiens qui tenaient les jumelles Rose et, quelques minutes plus tard, les jumelles, qui sanglotaient de peur, étaient en sécurité sous la garde des rangers.

L'Indien qui tenait la petite Nell bondit maintenant avec une vitesse accrue, se dirigeant directement vers la falaise surplombant les puissantes chutes. Il connaissait l'ouverture sous les chutes et espérait, par hasard, dérouter ses poursuivants et gagner cette cachette.

Mais ceux qui le poursuivaient étaient trop intelligents pour lui et, perplexe, il se retourna, comme un lièvre traqué, et s'avança vers la falaise. Puis, alors qu'il revenait à l'air libre, il balança la petite Nell sur son dos et la retint là.

"Il se dirige vers les chutes !" cria Henri.

"Quoi ! tu crois qu'il veut sauter par-dessus ?" » questionna Dave avec une nouvelle horreur.

"On dirait. Je pense qu'il a peur que s'il est capturé, nous le torturions."

C'était probablement la vérité, et après avoir jeté un coup d'œil en arrière pour voir s'ils le poursuivaient toujours, l'Indien continua jusqu'à ce qu'il soit à moins de cinquante pieds du bord de la cataracte.

"Oh, Dave, on y va, on tire ?" balbutia Henry.

"Nous devons!" fut la réponse rapide. "C'est notre seule chance de sauver Nell !"

Son fusil apparut, ainsi que les armes d'Henry et de plusieurs autres membres du groupe. Quatre rapports retentirent presque comme un seul. L'Indien fit une douzaine de pas et tomba tête baissée, entraînant la petite Nell avec lui. Tous deux étaient parfaitement immobiles, au bord de la cataracte.

Pour l'instant, ni Henry ni Dave n'osaient s'avancer. Et si l'une de ces quatre balles avait touché le corps de la petite Nell au lieu de celui de l'Indien ?

C'est Barringford qui s'avança, avec plusieurs rangers. Un coup d'œil lui montra que l'Indien était mort, avec deux balles dans le bas du dos. La petite Nell gisait à côté de l'Indien tombé, inconsciente et avec le sang coulant d'une égratignure sur son membre inférieur droit. Elle fut seulement abasourdie par le choc et tandis que Barringford la soulevait, elle ouvrit les yeux d'une manière extravagante.

"Laissez-moi partir ! S'il vous plaît, laissez-moi partir !" » cria-t-elle, puis, en apercevant son sauveur, elle le regarda avec étonnement. "Oh, M. Barringford , est-ce vraiment vous ? Oh, je suis si heureux ! Sauvez-moi du vilain Indien."

"L'Indien est mort, Nell", répondit-il, puis tandis qu'Henry et Dave se précipitaient, il ajouta : "Vous êtes suffisamment en sécurité maintenant."

Henry attrapa sa petite sœur dans ses bras et tous deux se serrèrent étroitement. Le jeune soldat était trop bouleversé pour dire un mot, et Dave ne pouvait pas non plus parler alors qu'il embrassait son cousin. C'était vraiment un moment de bonheur.

Peu de temps après, les autres rangers rejoignirent les jumelles Rose, qui étaient aussi ravies que la petite Nell de se retrouver entre amis. Entre- temps , les autres Indiens hostiles et les commerçants français disparurent, et bien que White Buffalo et certains rangers les poursuivirent, ils ne purent être capturés.

Ce soir-là, assis autour d'un généreux feu de camp, et après le meilleur souper qu'ils avaient savouré depuis bien des jours, la petite Nell et ses compagnes racontèrent l'histoire de leur captivité, comment les Indiens les avaient d'abord enlevés, comment ils été déplacés d'un endroit à un autre, et comment Jean Bevoir en avait finalement pris charge. Les petites filles étaient trop jeunes pour comprendre comment le coquin de commerçant avait espéré gagner de l'argent en les faisant rançonner, mais les garçons et les autres soldats comprirent, et ils décidèrent que Bevoir ne leur échapperait pas et que toute l'affaire serait réglée. déposé devant les autorités compétentes dans les plus brefs délais.

"Mais je suis si heureux d'être à nouveau avec toi !" murmura la petite Nell en se blottissant entre Henry et Dave. "J'espère que les méchants Indiens ne m'enlèveront plus jamais !"

"Ils ne le feront jamais si je peux l'empêcher", répondit Henry; et Dave a fait écho à ce sentiment.

Permettez-moi d'ajouter quelques mots et de conclure ensuite cette histoire des aventures de deux jeunes soldats lors de leur « marche sur Niagara ».

Le lendemain du sauvetage de la petite Nell et des jumelles Rose, tous nos amis se rendirent au Fort Niagara, alors occupé par les Français et les Anglais réunis. Avec le parti était Jean Bevoir , un prisonnier de guerre tout à fait misérable. Le commerçant a supplié avec acharnement d'obtenir sa liberté et a offert toutes sortes d'incitations à ceux qui le dirigeaient, mais personne ne l'a écouté et un ranger a menacé de le battre s'il mentionnait à nouveau un pot-de-vin. Au fort, l'affaire fut portée devant sir William Johnson, et Bevoir fut placé sous garde à l'hôpital militaire ; et ce fut la dernière fois qu'on le vit ou qu'on entendit parler de lui depuis un certain temps.

La petite Nell avait très hâte de rentrer chez elle, de voir son père et sa mère, ainsi que Rodney et son oncle James, et il fut finalement décidé qu'elle serait renvoyée chez elle, avec les jumelles Rose et un certain nombre d'autres captifs qui était arrivé. Le groupe fut chargé d'une compagnie de rangers, dont Hans Schnitzer, qui avait perdu une oreille lors du siège du fort, et de Barringford , qui avait donné sa parole à Joseph Morris que s'il retrouvait la petite Nell , il ne la quitterait pas. hors de sa vue jusqu'à ce que la mademoiselle soit de nouveau avec ses parents.

"Mais que ferez-vous, les garçons ?" » questionna le bûcheron de Dave et Henry.

"Nous avons décidé de rester dans l'armée et de mettre un terme à cette guerre", a déclaré Dave. "Nous avons les Français et leurs alliés indiens en fuite, comme ils disent, et nous pensons tous les deux qu'il est de notre devoir de rester au front."

"Ce sentiment vous fait honneur à tous les deux ", fut la réponse de Barringford . "Eh bien, je pense que tu vas te battre suffisamment avant d'avoir fini. Si ça continue encore longtemps, j'admets que je serai de retour avec toi tôt ou tard." Ce que Barringford a dit à propos de se battre suffisamment était vrai, et les aventures ultérieures de nos jeunes amis seront racontées dans un autre volume, intitulé « À la chute de Montréal ; ou, la victoire finale d'un garçon soldat ». Dans ce volume, nous rencontrerons à nouveau tous nos anciens amis et apprendrons ce qu'ils ont fait pour établir une victoire durable sur la France au Canada.

Peu de temps après la prise du fort Niagara, les garçons reçurent de bonnes nouvelles de chez eux. Les choses allaient bien pour tous ceux qui restaient sur place, et ils étaient ravis d'apprendre que la petite Nell était en sécurité et qu'elle serait bientôt avec eux. Le père de Dave fut également ravi d'apprendre que Jean Bevoir était prisonnier et que l'emprise française sur la rivière Ohio et ses affluents était brisée. Il était certain que les commerçants français et les Indiens sous leurs ordres ne retrouveraient jamais ce qui avait été perdu, et que dans une autre saison au plus tard, il serait parfaitement en sécurité pour rétablir son poste de traite sur la Kinotah , et qu'à ce moment-là les choses seraient en bonne forme pour faire plus de transactions que jamais auparavant.

"J'espère que ce qu'il dit s'avérera vrai", a déclaré Dave en lisant avec Henry la lettre sur le sujet. "Je pense que nous méritons tout ce que nous pouvons retirer de ce poste de traite, vu à quel point nous avons travaillé dur pour prendre possession du nôtre."

"Je suis heureux que les choses se passent si bien à la maison", répondit Henry. "Mon Dieu, mais ma mère ne sera-t-elle pas contente de revoir Nell ! Ils s'embrasseront à mort." Et il essuya comme une larme de ses yeux en imaginant la scène dans son esprit.

Dans l'obscurité de la soirée, la main de Dave se glissa dans celle de son cousin. "Je suis tout aussi content de tout cela que toi, Henry," dit-il doucement. Et puis, après un court silence, il ajouta : "C'est indiscutable. Dieu a été très bon avec nous, ne le trouvez-vous pas ?"

Pour répondre, Henry serra fermement sa main. "Nous pouvons être reconnaissants d'être en vie, compte tenu de ce que nous avons vécu. La guerre n'est pas une fête."

"Tu as raison, ce n'est pas le cas. Mais je suis content d'être un soldat de toute façon – et je compte bien faire mon devoir jusqu'au bout, quoi qu'il arrive."

Quelques minutes plus tard, tous deux s'endormirent, la main de l'un posée dans celle de l'autre ; et ici, pour le moment, laissons-les, cher lecteur, avec nos meilleurs vœux.

* 9 7 8 9 3 5 9 9 4 9 4 2 0 *